辉煌交通

丛书主编◎欧国立

建党百年
看中国交通运输发展

城市交通篇

欧国立 主　编
吴洪洋 等编写

100

中国财经出版传媒集团
经济科学出版社
Economic Science Press

图书在版编目（CIP）数据

建党百年看中国交通运输发展．城市交通篇/欧国立主编；吴洪洋等编写．—北京：经济科学出版社，2021.5（2021.10 重印）
（辉煌交通）
ISBN 978-7-5218-2561-9

Ⅰ.①建… Ⅱ.①欧…②吴… Ⅲ.①城市交通-交通运输史-中国 Ⅳ.①F512.9

中国版本图书馆 CIP 数据核字（2021）第 096742 号

责任编辑：杨 洋 赵 岩
责任校对：蒋子明
版式设计：陈宇琰
责任印制：范 艳 张佳裕

辉煌交通
建党百年看中国交通运输发展
城市交通篇
欧国立 主 编
吴洪洋 等编写
经济科学出版社出版、发行 新华书店经销
社址：北京市海淀区阜成路甲 28 号 邮编：100142
总编部电话：010-88191217 发行部电话：010-88191522
网址：www.esp.com.cn
电子邮箱：esp@esp.com.cn
天猫网店：经济科学出版社旗舰店
网址：http://jjkxcbs.tmall.com
北京季蜂印刷有限公司印装
710×1000 16 开 11.5 印张 150000 字
2021 年 8 月第 1 版 2021 年 10 月第 2 次印刷
ISBN 978-7-5218-2561-9 定价：52.00 元
（图书出现印装问题，本社负责调换。电话：010-88191510）

辉煌交通
建党百年看中国交通运输发展丛书编委会

顾问委员会：“老交通”智库老部长顾问团

编委会主任： 王稼琼

编委会成员（按姓氏拼音首字母为序）：

胡　凯　李　刚　李晓津　李忠奎
李　彤　欧国立　孙启鹏　吴洪洋
王明志　吴文化　向爱兵　徐　婧
余思勤　张　力

丛书主编： 欧国立

城市交通篇

主　　编： 欧国立

参与编写人员： 吴洪洋　李雪梅　陈佩虹　王琦珀
魏　娟　段建强

总序

2017年10月31日，习近平总书记带领中共中央政治局常委专程赴浙江嘉兴瞻仰南湖红船。抚今追昔，习近平总书记感慨："小小红船承载千钧，播下了中国革命的火种，开启了中国共产党的跨世纪航程。"① 中国共产党，就是从这小小交通工具出发，驶过百年光辉征程，阔步走向中华民族伟大复兴的。从建党开始，交通就与党和国家的命运紧紧联系在了一起。百年来，中国共产党始终围绕中华民族复兴和中国人民幸福发展交通运输事业，实现了中国交通运输的历史性跨越，有力支撑了中华民族从站起来、富起来向强起来的伟大飞跃。

一、新民主主义革命时期：从不自主到自主——中国共产党领导人民夺回交通权，实现人民交通为人民

2019年1月17日，习近平总书记在天津港码头考察时强调，经济要发展，国家要强大，交通特别是海运首先要强起来②。这一重要论断思想深刻、内涵丰富，是对交通与强国关系的历史性总结和规律性认识。交通是强国之基、兴国之要。近代，中华民族的耻辱始于海上，海上交通权的丧失加快了清政府丧权辱国的速度。晚清的政界、学界已普遍认识到，"凡一国之盛衰，在于制海权之得失""能主管海上贸易，即能主管世界之富源"。自第一次鸦片战争始，西方列强凭借坚船利炮，从海上打开了中国国门，强迫签署了一

① 《习近平：铭记党的奋斗历程时刻不忘初心　担当党的崇高使命矢志永远奋斗》，人民网，2017年11月1日。

② 《习近平：稳扎稳打勇于担当敢于创新善作善成　推动京津冀协同发展取得新的更大进展》，人民网，2019年1月19日。

系列不平等条约，我国的重要港口经营权、江海运输权、铁路修筑权悉被列强所扼，以图疯狂掠夺。1842 年中英《南京条约》约定了五口通商；1858 年《天津条约》约定增开十处通商口岸，外国商船和军舰可以在长江口岸自由航行。1885 年《中法新约》明确中国以后修铁路要找法国人商办。清政府虽开展洋务运动兴办轮船招商局、铁路等实业，然其腐朽至极，已无法阻止国势日衰。1910 年爆发的保路运动，导火索就是反对清政府将川汉、粤汉铁路名为收归“国有”、实则拱手让与列强的卖国行径，由此也成为辛亥革命的前奏。民国时期，当选大总统的袁世凯在 1912 年宣布“统一路政”，把各省已经建成和正在兴建的铁路全部收归国有，用以抵借外债，形成了帝国主义掠夺中国铁路路权的第二次高潮，4 年间列强夺得路权多达 13000 多公里。彼时的交通实质已是列强之交通、权贵之交通，而非中华之交通、人民之交通。

交通是一面镜子，能够折射出一个深刻道理：封建主义、资本主义救不了中国。要解决中国发展进步问题，必须找到能够指导中国人民进行反帝反封建革命的先进理论，必须找到能够领导中国社会变革的先进力量。1921 年 7 月，中国工人阶级先锋队——中国共产党的诞生，是开天辟地的大事，深刻改变了近代以来中华民族发展的方向和进程，深刻改变了中国人民和中华民族的前途和命运，深刻改变了世界发展的趋势和格局。从交通领域来看，在革命战争的洪流中，中国共产党组织领导广大海员和铁路、港口工人，先后参加香港中国海员大罢工、京汉铁路工人大罢工、省港大罢工等一系列重要工人运动，给盘踞在中国大地上的帝国主义和封建主义以沉痛打击。在全民族抗日的浪潮中，中国共产党把交通线作为抗战的生命线，粤汉铁路、长江航运、滇缅公路、驼峰航线、中印输油管道等重要交通线路堪称抗日战争不同时期的“生命通道”，“铁道游击战”“水上游击战”等多种经典战法痛击了日寇。在建设无产阶级革命政权的探索中，中国共产党高度重视交通运输，在中央苏区、抗日根据地、中央解放区建立后，先后成立专门的交通运输管理机构，发动民众修桥铺路、运送物资、支援前线。随着解放战争节节胜利，铁路、公路、水路、航空、邮政也逐步回到人民手中。

这一时期，中国交通最大的变化是从“不自主”走向“自主”。在中国共产党领导下，恢复了国家主权，使中国交通开始走向自主、自足、自强的道路。

二、社会主义革命和建设时期：从自主到自立——交通逐步发展，有力支撑了中华民族“站起来”

新中国成立之初，山河重整、百废待兴，中国交通虽走上自主发展之路，但还远远不能自立。现代意义的交通设施、设备几乎无法国产，铁路仅有2.18万公里，公路仅有8.07万公里，内河航道处于自然状态，民航只有7条国内航线，不少地区的邮政还靠马运人扛，交通运输基础十分薄弱，远不能满足恢复生产和社会主义建设的需要。

以毛泽东同志为主要代表的中国共产党人十分重视交通运输事业发展。早在1948年人民解放战争即将胜利之时，毛泽东就指出：“而恢复和发展工业生产和农业生产则需要有较好的组织工作……首先是解决交通运输和修理铁路、公路、河道的问题。”① 1954年9月，周恩来根据党中央和毛泽东的指示，在第一届全国人民代表大会一次会议《政府工作报告》中提出：“如果我们不建设起强大的现代化的工业、现代化的农业、现代化的交通运输业和现代化的国防，我们就不能摆脱落后和贫困，我们的革命就不能达到目的。”这是我们党第一次提出“四个现代化”，其中就包括了“现代化的交通运输业”。为适应经济发展需求，1973年周恩来总理发出了“三年改变港口面貌”的号召，国务院成立了以粟裕为组长、谷牧为副组长的港口建设领导小组，极大地推进了港口建设进程。在中国共产党的领导下，“一五”

---

① 《毛泽东选集》第四卷，人民出版社1991年版，第1348页。

期间，中国交通开创了若干自主创新“第一次”。1952 年新中国第一台蒸汽机车“解放型”机车出厂，1954 年第一架国产初教－5 型教练机首飞成功，1956 年第一辆“解放”牌汽车试制成功，1958 年第一艘万吨远洋货轮下水。随着国家投资向交通运输不断倾斜，交通基建和运输规模不断扩大。到 1978 年，铁路营业总里程达到 4. 6 万公里，公路达到 78. 36 万公里，全国主要港口泊位数达到 735 个，民航国际航线达到 8 条，国内航线也增加到 123 条，国家交通大动脉逐步打通，有力支撑了社会主义建设。

这一时期，中国交通最大的变化是从“自主”走向“自立”。在中国共产党的领导下，推进了我国现代交通运输业的发展，有力支撑了中华民族“站起来”。

三、改革开放和社会主义现代化建设新时期：从自立到自足——基本建成交通大国，有力支撑中华民族“富起来”

改革开放初期，随着经济社会快速发展，交通运输供给短缺问题开始凸显，买票难、乘车难、运输难，压港压货成为常态，交通运输严重滞后于经济社会发展，形成瓶颈制约。

以邓小平同志为主要代表的中国共产党人，推动交通运输解放思想、放开搞活。邓小平同志提出“先把交通、通信搞起来，这是经济发展的起点”“我赞成加强基础工业和农业。基础工业，无非是原材料工业、交通、能源等，要加强这方面的投资，要坚持十到二十年，宁肯欠债，也要加强。这也是开放，在这方面，胆子要大一些，不会有大的失误。多搞一点电，多搞一点铁路、公路、航运，能办很多事情。”① 在党的领导下，交通运输行业率先放开搞活。1979 年 1 月 31 日，中央批复同意了由广东省、交通部联合报送的《关于我驻香港招商局在广东宝安建立工业区的报告》，同年 7 月蛇口工

① 《邓小平文选》第三卷，人民出版社 1993 年版。

业区成立，打响了改革开放的开山第一炮。在党的领导下，“有水大家行船，有路大家走车”“贷款修路、收费还贷”“以港养港，以收抵支”等创新政策陆续推出，交通运输市场化进程明显加快，供给不足问题得到初步缓解。

以江泽民同志为主要代表的中国共产党人，推动交通运输抓住机遇、加快发展。江泽民同志在党的十五大报告中提出：“特别要改善居住、卫生、交通和通信条件，扩大服务性消费。”在党的十六大报告中提出：“继续加强基础设施建设”“走新型工业化道路”“实施西部大开发战略”。在党的领导下，铁路开展建设大会战，1997 年起 5 年间实现四次铁路大面积提速。应对 1998 年亚洲金融危机，国家实施扩大内需战略，推动交通基础设施加快发展，交通基础设施瓶颈制约得到明显改善。

以胡锦涛同志为主要代表的中国共产党人，推动交通运输与时俱进、科学发展。胡锦涛同志在党的十七大报告中提出：“加强基础产业基础设施建设，加快发展现代能源产业和综合运输体系。”在党的领导下，伴随着中国加入 WTO，交通“大部制”改革深入推进，综合交通运输发展驶入快车道。至 2012 年底，我国高铁营业里程达 0.94 万公里，居世界第一；高速公路通车里程达 9.6 万公里，超越了美国，居世界第一；初步形成干支衔接的水运网，民用机场体系基本成型，乡设所、村通邮总体实现，交通运输对国民经济的瓶颈制约得到总体缓解。

这一时期，中国交通最大的变化是从“自立”走向“自足”。在中国共产党的领导下，我国交通运输实现了从“瓶颈制约”到“初步缓解”再到“总体缓解”的历史性突破，有效解决了交通运输“够不够”的问题，基本建成了交通大国，有力支撑了中华民族“富起来”。

四、中国特色社会主义新时代：从自足向自强——聚焦解决交通运输“好不好”的问题，加快建设交通强国，奋力支撑中华民族“强起来”

党的十八大以来，中国特色社会主义进入新时代，社会主要矛盾发生变化，交通运输发展重心从解决“有没有”“够不够”的问题，转向解决“好不好”的问题，需要在交通大国的基础上加快建设交通强国。

以习近平同志为核心的党中央高度重视交通运输发展，习近平总书记多次对交通运输工作作出重要论述，强调“加快建设交通强国”“建好、管好、护好、运营好农村公路”，等等，这为交通运输的发展提供了科学指引，推动新时代交通运输发展取得了历史性成就。截至 2020 年底，全国铁路营业总里程达 14. 6 万公里，是新中国成立初期的 6. 7 倍，其中高铁 3. 8 万公里，居世界第一。全国公路通车里程 520 万公里，是新中国成立初期的 63. 3 倍，其中高速公路 16. 1 万公里，居世界第一。铁路、高速公路对城区常住人口 20 万以上城市的覆盖率均超过 95%。全国内河航道通航里程 12. 8 万公里，居世界第一，其中高等级航道 1. 6 万公里；城市轨道交通运营里程 7354. 7 公里，居世界第一。港口货物吞吐量世界排名前 10 的港口中，中国占 7 席；旅客吞吐量世界排名前 10 的机场中，中国占 7 席，境内民用颁证通航机场 340 个，民航运输机场已覆盖 92% 的地级市；邮政实现乡乡有网点、村村直通邮，我国综合立体交通基础设施网络初步形成。更令我们自豪的是，港珠澳大桥、北京大兴国际机场等一批超级工程震撼世界，“复兴号”动车组、C919 大飞机等大国重器闪耀全球，网约车、共享单车、网络货运等新业态蓬勃发展，中国路、中国桥、中国港、中国高铁成为亮丽的“中国名片”。正如习近平总书记在庆祝改革开放 40 周年大会上所讲，“公路成网，铁路密布，高坝矗立，西气东输，高铁飞驰，巨轮远航，飞机翱翔，天堑变通途”。

这一时期，中国交通最大的变化是从“自足”迈向“自强”。在以习近平同志为核心的党中央坚强领导下，我国交通运输在“基本适应”的基础上向“适度超前”迈进了一大步，并开启了加快建设交通强国的新征程，有力支撑了实现党的第一个百年奋斗目标，正为实现党的第二个百年奋斗目标不懈奋斗。

栉风沐雨、薪火相传。站在建党百年的历史新起点上，回看这一波澜壮阔的发展历程，中华大地改天换日，中国交通沧桑巨变，孙中山先生在《建国方略》中提出的“10 万英里的铁路和 100 万英里的公路，疏浚现有运河和开挖新的运河……开辟全新的北方、东方、南方三大商用港口，从这些港口出发的铁路将远抵西藏、新疆、蒙古和满洲”的宏伟设想，在中国共产党的领导下变为了现实。我们用 70 年特别是改革开放 40 多年的时间，建立了现代综合交通运输体系，对比发达国家已经实现了局部赶超，成功走出了一条具有中国特色的交通运输发展道路。我们还将继续努力，实现到 2035 年基本建成交通强国、到 21 世纪末全面建成人民满意、保障有力、世界前列的交通强国目标。

在中国共产党一百周年华诞之际，我们谨以此套丛书展现我国百年交通发展奋斗历程及深刻启示，诠释在中国共产党领导下中国交通运输事业所发生的翻天覆地的变化。丛书分为七册，分别为：综合交通运输篇、铁路篇、公路篇、水运篇、民航篇、城市交通篇、邮政篇。丛书由国家信息中心、国家发展改革委综合运输研究所、交通运输部科学研究院、北京交通大学、长安大学、上海海事大学、大连海事大学、中国民航大学、中国民航管理干部学院、山东财经大学、华北水利水电大学、内蒙古财经大学、国家邮政局发展研究中心、中国铁路经济规划研究院有限公司等单位专家学者共同编写。丛书编纂过程中，有幸得到“老交通”智库老部长顾问团的指导，在此表示深深的感谢！

《辉煌交通・建党百年看中国交通运输发展》
丛书编委会
2021 年 5 月

前言

2021 年是中国共产党成立 100 周年，也是建设交通强国的起始之年，站在新时代的坐标点，我们不忘初心，牢记使命。百年来，中国共产党始终围绕中华民族复兴和中国人民幸福这一宗旨谋划交通运输发展，交通运输事业取得了辉煌成就，有力支撑了中华民族从站起来、富起来向强起来的伟大飞跃。

城市是人类社会文明的重要载体和标志，城市交通是城市发展的基础和保障。中国共产党成立百年以来，特别是在新中国诞生以后，带领全国人民砥砺奋进，在蜿蜒曲折中克难攻坚，创立了中国城市和城市交通发展的辉煌成就和崭新局面。

新中国诞生前，茫茫战火下的中国人民面临帝国主义、封建主义、官僚资本主义“三座大山”的压迫，城市不发达，城市交通大多以原始的人力、畜力为主，只有少数几个城市才有发达国家城市的道路设施和交通工具，且规模十分有限。

在社会主义革命和建设时期的 1949 ~ 1978 年，我国的城市交通发展逐步走入正轨，城市道路基础设施建设、公共交通工具等逐步发展，城市交通为城市社会经济发展和人们出行提供了必要的支撑和保障。

改革开放，特别是党的十八大以来，我国的城市交通得到快速发展并取得令人瞩目的成绩。宏观经济体制从计划经济转向社会主义市场经济，极大激发了经济发展、城市发展的活力，也激发了对城市交通的巨大需求，在满足人民日益增长的城市交通需求中，我国城市交通在基础设施建设、交通治理体系构建等方面不断发展和完善，城市交通质量不断提升。

近年来，基于“互联网＋城市交通”涌现了一批与信息技术、数字技术相结合的城市交通新业态，网约车、共享单车、定制公交、预约出行等使得城市交通出行选择更加多样化、人性化，城市交通在有效联通（交通工具间的硬联通和软联通）、绿色环保等方面不断发展和进步。

党的十九大报告提出要建设“交通强国”，2019年9月，中共中央、国务院印发的《交通强国建设纲要》提出，到2035年基本建成交通强国，基本形成“全国123出行交通圈”（都市区1小时通勤、城市群2小时通达、全国主要城市3小时覆盖）和“全球123快货物流圈”（国内1天送达、周边国家2天送达、全球主要城市3天送达），旅客联程运输便捷顺畅，货物多式联运高效经济；智能、平安、绿色、共享交通发展水平明显提高，城市交通拥堵基本缓解，无障碍出行服务体系基本完善。构建便捷顺畅的城市（群）交通网。建设城市群一体化交通网，推进干线铁路、城际铁路、市域（郊）铁路、城市轨道交通融合发展，完善城市群快速公路网络，加强公路与城市道路衔接。城市交通是交通强国建设的重要组成部分，当前，中国特色社会主义进入新时代，我国社会主要矛盾已经转化为人民日益增长的美好生活需要和不平衡不充分的发展之间的矛盾，在城市交通方面应时刻关注需求特征的新变化，加强供给侧改革，不断提升我国城市交通服务的效率和品质。

本书作为《辉煌交通·建党百年看中国交通运输发展》丛书之一，以我国城市交通的发展作为主要对象，基于不同历史阶段，系统总结回顾了包括中国共产党成立至新中国诞生、新中国诞生至改革开放（1949～1978年）、改革开放至党的十八大召开（1978～2012年）、党的十八大至今在内的各个阶段我国城市交通的历史演进，以及在打造城市交通一流设施、一流技术、一流管理、一流服务等方面所取得的成就。城市交通发展所取得的成就为我国综合交通运输发展做出了重要贡献，同时也为实现交通强国目标奠定了坚实基础。

全书共五章，第一章回顾新中国成立之前城市交通发展历程，主要介绍了新中国成立之前的城市交通及交通工具；第二章回顾社会主义革命和建设时期的城市交通实践，主要介绍这一阶段城市交通、城市道路的发展以及自行车出行方式的兴起；第三章回顾改革开放至党的十八大的30多年时间里城市交通所发生的重大变化，主要介绍了城市交通发展新局面和新问题，包括小汽车的快速增长和公共交通（地面常规公交和城市轨道交通）的发展；第四章回顾党的十八大以来城市交通的创新与发展，主要介绍了城市轨道交通的快速扩张、公共汽电车的绿色化、城市交通新业态的快速涌现以及城市交通治理模式的改进与实践；第五章展望未来，重点阐释了基于交通强国的城市交通创新和发展。

本书由北京交通大学欧国立教授担任主编，主要编写成员有交通运输部科学研究院吴洪洋，北京交通大学经济管理学院李雪梅、陈佩虹、段建强，山东财经大学王琦珀，内蒙古财经大学魏娟。本书编写过程中得到了来自同行专家学者以及相关单位的大力支持和帮助，值此付梓之际，谨向所有关心支持本书编写工作的同仁表示衷心的感谢，向中国共产党百年华诞表示衷心的祝贺！

由于笔者水平有限，书中难免有疏漏和错误之处，恳请各位专家同行与广大读者不吝斧正。

目录

Contents

第一章

新中国成立之前的城市交通

第一节　艰难探索的城市交通

鸦片战争后，由于帝国主义经济和文化等力量的扩大，我国城市建设受到相当大的影响。19 世纪末开始，上海等城市发起了以修路、筑路、改善市政基础设施为重要内容的自治运动（张仲礼，1996）。我国市内道路形态的改变主要表现在道路形态逐渐由我国传统上采用的“井”字形方格状向棋盘型或放射型变化。

近代经济社会的不断发展对城市结构提出了新要求，只有在旧的城市结构上取得新的突破才能适应时代发展。以北京市为例，1911 年辛亥革命结束了封建帝制，为扩大城市空间创造了社会先决条件。1911 ~ 1928 年，北洋政府统治时期的北京，为了适应城市交通和生产的需要，在城市现代化建设和政府管理上进行了许多新的尝试。比如在建立行政体系和机构方面，“京都市政公所”于 1914 年成立，它是北京现代化市政管理系统的开始，同时也是北京城市管理体系上非常重要的制度变迁。在此期间，北京的现代化程度已经超越了单纯的基础设施方面的改善，且政府对城市道路的统筹规划开始逐步开展。

在大兴市政道路建设的过程中，其中一个策略就是“拆城筑路”，主要原因是城市人口的不断增长对交通基础设施的要求逐渐提高。在“京都市政公所”负责管理下，拆城筑路的工程逐渐开展起来。“拆城”从皇城的左右门开始，进而是大清门内的前部走廊和两旁的宫殿墙。通过拆除上述城墙和宫殿墙，天安门前的东西大街和南北长街沿线的道路得以修建，从而开辟了城内南向和西向的交通（李志红，2008）。城内各区域交通的连通在方便人们出行的同时，也促进了城市交通的发展。通过“拆墙筑路”的市政策略，阻断道路连接的城墙被拆除，城市道路以及交通基础设施的修建得以发展。1918 年，北京修建了 121 条道路；到 1930 年，全市已建成 106151 米的碎石路和 9146 米的柏油路，通过拆除城墙以筑路的市政措施，北京城内各个方位城区之间的交通几乎全部贯通（林颂河，1931）。

1945 年抗日战争胜利后，国民党政府接管北平，恢复了原市政府和工务局，由国民党政府管理城市建设。1946 年 2 月，国民党北平市政府启动了城市规划的调查和草拟工作，起草了《北平新市界草案》，其中讨论了划定新市的七项原则（王亚男，2010）。同年，国民党北平政府又在《北平新市界草案》的基础上编制了《北平新都市计划大纲草案》和《北京市街道干线系统计划》。1947 年 5 月 29 日，国民党北平市城市规划委员会成立，提出北平的城市建设发展应“表面北平化、内部现代化”。1947 年，国民党北平市工务局对北京进行了详细调查，并根据日伪建设局的《北京都市计划大纲》编制了《北平市都市计划设计资集（第一集）》。

部分城市受战争影响而对城市道路进行修筑。以重庆市为例，陪都时期是重庆城市建设的一个重要阶段，1935 年，四川防区制度瓦解，西南各省统一问题逐渐解决，国民党政府将国防重心逐渐从西北转移到西南。1937 年，南京国民政府正式迁往重庆，大量的政府机关迁入重庆市老城中。1938 ~ 1943 年，重庆成为日军疯狂轰炸的对象，由于绝大部分的政府机关仍位于老城内，出于战时首都国防需求的考虑，避免敌机破坏集中的行政建筑，大量机关、学校、工厂等纷纷被疏散，这导致大量人员机构向郊区扩散。同时，为了防止轰炸带来的火情，城区内开始大量开辟火巷，建设防空洞。轰炸期间，市政工程的重点在旧区道路修复以及开辟火巷。1939 年通过的《重庆市开辟火巷办法》对火巷与街道、防空洞等的位置关系、火巷的宽度、火巷两旁收益土地的征费以及房屋拆迁地价赔偿等做了规定。其原则是“应先从人口稠密的地区拆除火巷，并应尽可能多地使用原有街道，务必与马路衔接”，该原则将火巷与整个道路网络整合在一起。火巷宽度有 10 米和 15 米两种，它们都是重要的交通干道，间接带动了城市道路的扩建和郊区的发展。

第二节　新中国成立之前的城市交通工具

根据《中山市志》的记载，1925 年，城区居民出行、货运主要依靠人兽力车、单车、板车等交通工具，有钱人家则会选择汽车代步。民国初期，交通运输业现代化程度非常低。汽车运输区域里程很有限，铁路运输网站点很少，民间公路汽车长途运输比重极少，航空运输还属于空白，城市中仍然延续清末所遗留的中国老式交通。城市民间货物运输与商业物流主要依靠手推车、大车、驼队、马帮等人力和畜力驮运，以及内河船运、部分沿线港口城市之间的蒸汽轮船运等方式。随着城市的发展，新式交通工具包括人力车、自行车、汽车等逐渐被引入，新旧交通工具在城市中混杂。1921 ~ 1949 年兴起的大多数交通工具，主要是为了满足战争的需要。

一、应战争需要而发展的交通工具

以人力车为例。人力车，也称黄包车，是一种单座车辆，由人力牵引供人们乘坐。1874 年由法国侨民从日本带入上海。由于它是从日本进口的，因此也被称作“东洋车”。人力车进入中国不久，由于票价便宜、乘坐便利等优势受到人们的欢迎，很快就成为一种营业性的载人交通工具。1910 年以后，人力车在上海的公共交通中发挥越来越重要的作用（王清彬，1928）。

战争的爆发给人力车带来新的发展动力。以上海为例，1937 年以后，尤其是在太平洋战争爆发后，人力车在上海公共交通中扮演着越来越重要的角色。由于缺乏汽油，所有的公交车于 1942 年 1 月 10 日全部关闭，电车行业也受到当时节电计划的影响，减少了运行车辆并缩短了运行时间。另外，由于不能及时提供零部件来修补受损的汽车，能够行驶的车辆数量也在逐渐减少。战争以及战争所导致的众多因素大大限制了公共汽车、电车、汽车的使用，在此情况下，政府为了满足战时交通的需要，亲自运营人力车，并开通了之前人力车禁行的区域，人力车的通行区域进一步扩大。

人力车虽然是近代交通变革中联系过去和未来交通工具的重要载体，在城市近代化过程中发挥了巨大作用。但是，人力车夫却过着极其悲惨的生活。当时人力车夫生活工作的景象通过老舍关于民国时期的小说《骆驼祥子》可以略见一二。1945 年，抗日战争胜利后，人力车是否被废除的问题摆到政府面前。1946 年，国民党政府正式提出废除人力车的计划，但是又逢解放战争爆发，国民党政府内部资金流转出现严重问题，以至于又出现了公交车、电车等公共交通由于缺油而停业的状况。由此，南京市的人力车行业又再次迎来了生机。1949 年，新中国成立后，党和国家通过合理安置人力车夫，解决了人力车夫的生存问题，人力车最终被废除。

除人力车外，自行车也在战火中发展起来。1921 ~ 1936 年，是我国民族自行车产业逐渐发展的阶段。随着日本等国家的厂商在中国投资办厂，我国以自行车装配和零部件修配为主的民族工业拉开序幕。1928 年同昌车行、得利车行、鸿利车行、大兴车行、润大车行和泰昌车行在上海众多车行中脱颖而出，它们被称作“六大车行”（黄培霖，2001）。当时自行车生产企业主要集中在沈阳、天津、上海、青岛等沿海地区。颇具盛名的有沈阳的义兴自行车厂、天津的昌和工厂、上海的同昌车行、大兴车行等。品牌主要有“中”字牌、“铁锚”牌、“胜利”牌、“飞马”牌、“飞轮”牌等（施中华，1998）。

抗日战争爆发后，中华民族陷入了近代以来最沉重的苦难之中。但战乱却给自行车普及发展带来契机。战时中国，汽油供给受到严重限制，汽车使用数量大幅度减少，其他交通工具的数量也出现了严重的萎缩现象。在此状况下，自行车趁势突兴，路上几乎成为自行车的世界。一方面，自行车制造业为抗战需要积极向战线输运自行车。另一方面，由于电车受战争破坏，大部分线路都不再通车运营，同时汽油受到限制，汽车数量减少，人们由于出行及运输活动的需要，对自行车的需求逐渐增加。

三轮车也是一种在战火中催生的交通工具。1923 年初，上海人将自行车进行车架结构改装，制作了一种三轮车，上海人称“黄鱼车”。

抗日战争时期，石油供应短缺，石油价格持续高升，导致公交车逐渐暂停行驶，大量私人汽车闲置。为了满足人们的出行需求，1942 年，上海建设工厂，专门聘请专家设计并制造了一种新型的三轮车。根据《申报》记载，此款车型结构新颖，拥有以现代汽车原理为基础的器械装置，材料经久耐用，车厢足够大，可以容纳两个人。

二、受战争影响而曲折发展的交通工具

战争中一种重要的交通工具就是汽车。汽车在中国出现的时间较晚，最早可以追溯到 1901 年，由上海最先引入，之后逐渐发展到中国各地，汽车大多被外国官员、外商以及国内有钱人使用。1902 年，一辆德国产的杜

伊亚牌轿车被作为礼物送给慈禧太后，这辆车被人称为“中国第一车”（史明正，1995）。截至20世纪30年代，中国的汽车数量已大大增加，“1932年，我国全国共有汽车（包括普通汽车、运货汽车、公共汽车、自行车）44462辆；到1933年，有汽车50203辆；到1934年，有汽车数量57325辆”（张慕聃，1936）。从上述材料可看出，我国汽车年增长数量有极大的提升，几乎每年汽车都有6000多辆的增长数量，这在当时的中国已实属不易。汽车数量的增长情况从侧面折射出当时汽车的发展状况，表明汽车正在逐步地走进更多的国人生活之中。

虽然汽车数量在不断增加，但不可否认的是，民国年间，大多都是进口汽车。以北京市为例，1935年上半年，北京市社会局登记检验合格的汽车品牌，来自美国的约1635辆，品牌包括“比克”“佛特”“道济”“雪佛兰”等；来自法国的汽车有64辆；来自意大利品牌的汽车有25辆；来自英国的有21辆；来自德国的有5辆；来自比利时的有2辆（贾迪，2019）。可以看出，这一时期北京的汽车几乎都以外国进口为主，此时中国的汽车制造业还未起步。

汽车的发展受到战争的影响而发展缓慢。1937年抗战全面爆发后，日军竭力轰炸了中国铁路，阻断了铁路运输渠道，中国军事运输因而转向汽车运输。国民党军队沿海岸撤退时，几乎全部军人以及物资都是依靠汽车运输的。汽车在战争运输中发挥了重要的作用，但汽车也受到战争环境的影响，从战争开始到结束，也就是从1935～1947年，国民党政府两次实施了汽油购买限制政策，这导致城市内的汽油非常稀缺，人们几乎购买不到汽油，因此汽车也无法使用。缺汽油的情况不仅存在于市民中，即便是伪市政当局也要面对这一问题，为了解决汽车没有汽油开不了的问题，市民开始使用“油改炭”，也就是用烧木炭来替代烧汽油（贾迪，2019）。缺油的问题到20世纪40年代末期依然存在，北京、上海、天津等城市的私家车几乎都在使用“油改炭”，这种情况一直持续到1949年以后。汽车在战争中起到了很大的作用，但对城市交通而言，城内汽油的缺乏在很大程度上限制了北京和上海等城市中汽车行业的发展。

其实国产汽车早在20年代就有国人在制造，但是由于战争的影响，没有得到最终成果。张学良是组织制造国产汽车的第一人，1928年，张学良在辽宁迫击炮厂内成立了民用工业制造部。后来更名为辽宁民生工厂，其在此试制汽车（陈晋文，2018）。1929年3月，民生工厂进行了一次组装试验，将美国瑞雷号汽车进行改组。通过不断的装配试验，1931年5月，该厂成功地试制了一辆以瑞雷号汽车为原型的国产汽车，将其命名为“民生牌75型汽车”，这是中国自制的第一辆汽车（杨石师，1922）。但是由于“九一八”事变的发生，东北三省被日本占领，国产汽车制造业的发展被迫中止。

除了私用汽车外，公共汽车也因受战争的影响而发展缓慢。以重庆为例，从1938年起，重庆市遭受到日机的轰炸，这严重阻碍公共汽车的发展。一方面，日机对城区进行轰炸使得城市道路严重受损；另一方面，轰炸也使得公共汽车车辆损坏。另外，为了避开轰炸高峰期，公共汽车的经营时间也受到影响，这使得公共汽车公司收入锐减，损失严重。同时，各种资源匮乏，油价高昂，大量受损的汽车还需要维修，公共汽车停用的现象较为严重。在1939年底，公共汽车公司有16辆客车不能运行，实际能投入运营的客车数量仅21辆（杨实，1992）。在此情况下，1940年1月，公共汽车公司决定增加股额来增添车辆，随后公司添购新车，扩大运营规模。同年5月，重庆市内公共汽车数量增加到26辆（杨实，1992）。同年9月，国民党政府将重庆市设立为陪都，这为重庆市公共汽车发展提供了机会，为了使公共汽车在战时发挥更加有力的作用，重庆市的公交业务交由国民党政府设立的公共汽车管理处进行监督管理。此时，重庆市公共汽车经历了由私人运营，到地方政府经营，再到国民党政府经营的过程，这一历程反映出公共汽车在抗日战争中的重要性。在国民党政府管理运营公共汽车业务阶段，公共汽车数量有所增加，到 1941 年 5 月，公共汽车数量增长到了 99 辆（张伟，2014）。

1946 年，国民党政府迁往南京，重庆市的公共汽车经营主体再次改变，重新由重庆市政府负责管理。但是国民党政府还都南京后，重庆市地位的下降，导致大量人口外迁；以及战时来重庆市避难的一些难民逐渐回乡，这都导致了重庆市出行需求的大量减少。之后又由于公司管理不善等原因，公共汽车数量锐减，从战时的 100 多辆减少到不足 40 辆。市内与郊区间的许多公交线路无法经营，到重庆市解放前，每天总共仅有 10 ~ 20 辆的公共汽车运营（杨实，1992）。

除了重庆外，北京市的公共汽车发展也因战争而严重受挫。1937 年 7 月 7 日，“卢沟桥事变”爆发，北京市的公共汽车全部停运（贾迪，2019）。抗日战争爆发后，由于战时物资紧缺以及日伪军对公共汽车进行无偿的强制征用，公共汽车行业经营惨淡。1939 年，北京全部公共汽车仅剩下 37 辆；到 1941 年，北京市公共汽车数量仅有 67 辆；到了 1942 年，由于油价上涨、众多公共汽车还处在损坏待修状态，公共汽车业亏损严重，于是政府将公共汽车经营权强卖给了电车公司（李玉梅，2012）。

抗日战争胜利后，政府又重新办理市营公共汽车业务，设立了公用局，接收了日伪军公共汽车 100 辆，1946 年 2 月重新通车（李志红，2008）。同年 3 月，电车公司正式设立公共汽车处，但是当时处在解放战争时期，市营的公共汽车老化严重，维修费用也较高；而电车公司经营的公共汽车由于线路问题也是经常入不敷出。因此，1947 年 11 月，市政府将公用局和电车公司设立的公共汽车处合并，成立了“北平市公共汽车股份有限公司”。自此，公共汽车开始由政府和电车公司共同经营。成立该汽车公司时，公共汽车数量有133辆，尽管政府与民营共同管理，但经营不善等问题依旧没有解决，公共汽车公司依旧处在亏损状态（李志红，2008）。不到一年，新成立的汽车公司就停业了，只留下79辆破损车辆，而其中能够行驶的只有5辆（程春水，2005）。1948年底，因战乱和管理不善等原因，“北平电车公司”所属车辆悉数报废，全部停驶（李志红，2008）。

三、中国共产党带来城市交通的曙光

1949年前后，中国共产党人对发展交通运输的重要意义有了清晰的认识。修缮城内马路、发展现代化交通工具，这为城市交通的发展带来曙光。解放战争前夕，华北财经会议中的交通会议，重点讨论了交通事业的统一管理和公路的恢复与建设问题（薛暮桥，1996）。1945年，中国共产党第七次代表大会指出：“新民主主义的国家，如无巩固的经济做它的基础，如无进步的比较现时发达得多的农业，如无大规模的在全国经济比重上占极大优势的工业以及与此相适应的交通、贸易、金融等事业做它的基础，是不能巩固的”。1949年5月31日，中央发布《关于建立中央财政经济机构大纲（草案）》，以华北人民政府各财经部门为基础，陆续建立中央财政处、交通处和中央铁道部等各中央财政经济部门。1949年7月23日，在谈到恢复交通的重要性时指出：“中国两万多公里铁路，今年要恢复百分之八十，明年不仅要恢复余下的百分之二十，而且还要有新的发展。我们要恢复生产，必须靠交通运输畅通。（《当代中国》编辑部，1990）”

新中国成立前，各城市的市内交通发展也很落后，道路系统极差（郑艳，2005）。以北京市为例，1915年北京才有了第一条沥青马路（李玉梅，

2009)。截至1918年所修筑的120余段道路，基本上是土路，“无风三尺土，微雨满街泥”是这时道路质量的真实写照（颜吾佴，2008）。1927年北京人均占有道路面积仅有0.6平方米。新中国成立之初，公路等设施在战争中被严重破坏，全国运输体系尚未形成，维修和改善交通运输工作成为国民经济恢复时期要解决的第一个难题（彤新春，2018）。在车辆方面，除掉战争中损毁的机动车辆，只剩下2/3的机车还能行驶；在道路方面，到1949年底，公路总长度为144320公里，能供车辆使用的公路长度不到原有线路总长的80%（苏星，1999）。

新中国成立后，中国共产党开始在全国范围内实施交通发展战略，中国交通事业进入一个崭新的发展阶段。新中国成立初期，一切百废待兴，中国共产党以交通先行带动社会经济的恢复，为了实现交通管理的规范化，交通部陆续制定和颁布了关于道路建设、养护和运输规范管理的基本政策。在党和国家的重视下，城市交通逐渐得到恢复与发展。

第二章

新中国城市交通起步前行
（1949～1978年）

第一节 新中国成立初期的城市交通

一、中国共产党为城市道路建设与规划带来曙光

新中国成立后，为了使交通事业能够尽快恢复发展，国家着力发展现代交通。在城市范围内，各地政府进行了大规模的基础设施建设工作，并在一些重点城市开展规划工作（马林，2019）。比如通过参照苏联在城市规划中制定的一些法律法规，对我国城市制定道路网络构建等规划方案（朱俭松，1999）。

在城市基础设施建设过程中，市内道路的修建是不可或缺的一环，各地政府都开始有计划地兴建城市道路。20 世纪 50 年代，尤其是在第一个五年计划（以下简称“一五”计划）期间，国家对工业城市的城市基础设施建设颇为重视，大部分城市的市内市外交通主要干道网络都形成于这个时期。如在新中国成立后，上海在原有基础上部分调整了城市道路布局，采取开辟、拓宽和改建等措施。具体措施为政府先是扩建新民路和天目路，随后又改建广肇路，通过建造长寿桥的方式，使沪东和沪西之间相互连通，过往车辆不需要再绕过市中心就可以直接通往两地区。1952 年，上海市开通西藏北路；1957 年，河南南路开通，至此，河南路成为连接南北的主干路，之后又对北京路、南京路、福州路等几十处“瓶颈”路段进行了扩建，上海的城市交通得到一定的改善。在各地政府的建设和发展下，1952 年底，全国城市道路的总长度由 1949 年的 11127 公里增加到

12291 公里；有公共交通设施的城市，从 1949 年的 26 个增加到 41 个；“一五”期间有新增道路 5968 公里，有铺装道路的城市已有 127 个（张金凤，2009）。由此看出，新中国成立初期，在中国共产党的领导下，城市道路得到极大的发展，为之后城市交通发展打下基础。

新中国成立初期，城市道路逐步修建，交通环境得到改善，道路上出现多种交通工具并存的局面。为了对城市交通进行综合治理，政府颁布多项交通管理法规①（柯林，2003）。1950 年 3 月 20 日，中央人民政府政务院批准公布了《汽车管理暂行办法》；同年 7 月 15 日，中央人民政府交通部又颁布了《汽车管理暂行办法实施细则》；1951 年中央人民政府公安部公布了《城市陆上交通管理暂行规则》，1956 年 8 月 19 日公安部签发《城市交通规则》，该规则共 6 章 60 条，在当年 10 月正式实施，同时废止公安部 1951 年颁布的《城市陆上交通暂行规则》。之后，随着社会的发展，我国的交通管理法规先后数十次颁发、修订。

二、人力车的废除

公路的恢复以及城市道路的修建，为城市发展带来生机。但是城市内一些传统旧式交通工具，如人力车等，对现代化城市交通的发展带来了一定程度上的阻碍。

人力车的最终废除是在 1949 年以后。1949 年之后，国民思想认识逐渐提高。同时，在中国共产党的领导下，废除人力车的时机也逐渐成熟。

---

① 交通管理法规是指国家行政机关依法制定、发布的有关交通管理文件的总称，包括国务院、公安部和地方政府制定的交通管理法规、规定和办法等。交通管理法规是国家行政法规的一部分，在交通领域具有强制性。

在时代发展的总趋势下，全国各城市的人力车废除工作都有所进展。而人力车得以废除的原因，主要包含以下几点：

第一，公共汽车的发展。新中国成立后，各地区国民经济逐步稳定，各城市的经济得以恢复。各城市积极开展市政建设，其中不可缺少的就是城市公共交通基础设施建设，公共汽车得到发展，这也促进了人力车的顺利废除（邱国盛，2004）。

第二，人力车夫的合理安置。早前人力车之所以没有废除的一个重要原因就是人力车夫的安置问题。1949 年后，全国各地的人民政府对人力车废除工作十分重视。各地政府按批次有序帮助他们转业，一些人力车夫通过相关训练，从拉人力车转变为驾驶汽车；有的通过政府安排的培训，做起了技术工人；有的重新回到农村；而对于缺乏劳动力，生活又得不到保障的，则被安排进养老院生活。

人力车废除工作在全国各地积极进行，到 20 世纪 50 年代末，无论是大城市还是小城市，道路上几乎已看不到人力车。人力车的废除，标志着落后交通工具在城市交通中的落幕，更加现代化的交通工具逐渐在城市交通发展中起到越来越重要的作用。

三、新中国成立初期的公共汽车

新中国成立前，公共汽车虽然有所发展，但是战争带来的车辆损毁、汽油缺乏等问题使公共汽车运营受到很大影响，并不稳定。在新中国成立后，经济逐渐稳定与恢复，公共汽车行业飞速发展。新中国成立初期，城市交通获得了前所未有的发展，为方便居民生活和发展城市经济做出了不可或缺的贡献。1949 ~ 1953 年，全国公共交通线路从 1145 公里增加到 2446 公里，公共汽车数量由 2292 辆增加到 3515 辆，客运量由 37024 人增加到 111463 人（戴均良，1992）。

城市交通的发展离不开各地政府的大力推进，南京市的公交系统在解放后逐渐得到恢复。1949 年 4 月 23 日南京解放，中国人民解放军南京市军事管制委员会接管了首都汽车公司，并将其更名为南京公共汽车公司。当时南京最大的民营“江南”汽车公司已濒临破产，虽然有大小汽车 125 辆，然而多数已被损坏或者缺少一些配件而不能行驶；并且公司的 672 名员工，已有半年没有发过工资（王阳，2014）。为了解决这些问题，南京市人民政府提供贷款，拨借器材，帮助江南汽车公司复出。在这之后，南京的公共汽车市场就由政府管理的南京公共汽车公司、民营的江南公司，还有原江南公司遣散的职工组成的汽车合作社三家公司共同经营。1949 年 11 月，江南公司再次因器材来源困难、材料价格高昂等原因无法维持正常经营，南京政府决定暂行代管，由市军管会派军代表兼任公司副经理，组织职工生产自救。同时，南京还支援了新中国首都北京的城市交通发展，南京公共汽车公司于 11 月奉命迁往北京，支援北京城市交通（南京市地方志编纂委员会，1994）。政府还从南京向北京转移了 88 辆公共汽车，同时为了确保这些公共汽车能够正常运行，有 248 名专业驾驶员和维修人员随车辆一起调入北京（邱珂，2017）。

上海的公共汽车事业也在解放后得以快速发展。1949 年 5 月 27 日，上海解放。解放后的第二天，上海市军事管制委员会接管了公共交通筹备委员会，负责城市交通的相关工作。截至 1949 年末，英电、法电、公交营运车辆共有 934 辆，其中公共汽车 402 辆，无轨电车 166 辆，有轨电车 331 辆（虞同文，2012）。新中国成立初期的五十年代，上海的公共汽车行业发展较为稳定，政府为了发展城市公共交通，积极筹措资金进口了一批新客车作为公共汽车供上海市民使用。1952 年 11 月，上海市电车公司成立，该公司逐渐成为全市电车公司的管理者。1954 年 9 月 25 日，上川交通公司、上南交通公司，以及浦东地方建设公司，这三家民营汽车公司合并成为上海市浦东公共交通公司。到20世纪60年代初，上海市道路上的公共汽车来源已不再以进口为主，越来越多的国产客车出现在上海街头，公共汽车在城市交通中发挥了前所未有的重要作用。

四、艰难探索中的城市交通

新中国成立以来至改革开放前，我国城市交通在艰难探索中不断前行，这与我国这一阶段交通运输事业整体发展特征相一致。

城市是坐落在有限空间地区内的各种经济市场，如住房、劳动力、土地、运输等相互交织在一起的网状系统，城市交通是在城市范围内，由交通基础设施、交通工具、交通运营、交通管理和交通服务等子系统构成，完成人流、物流和车流等的空间位移的综合系统。它包括城市内部交通与对外交通，涉及城市地面和地下交通等方式（沈志云和邓学钧，2008）。城市交通是随着城市的出现和扩张而发展起来的，同时城市交通的发展又会促进城市的加速形成与演变。

城市公共交通是城市交通的重要组成部分，城市公共交通是指在城市内为了方便市民日常出行而进行营运的客运交通，包括公共汽车、有轨电车、无轨电车、地下铁道和出租汽车等城市客运系统（李沛霖，2017）；是在城市固定区域内，利用公共汽（电）车、轨道交通车辆等工具和有关设施，按照核定的线路、站点、时间票价运营，为社会公众提供基本出行服务的社会公益性事业（交通运输部道路运输司，2011）。城市公共交通不仅为市民提供交通出行服务，维系着城市功能的正常运转，也是城市社会和经济赖以生存、发展的基础，在国民经济发展中占有重要地位。

新中国成立至改革开放以前，我国长期实行严格限制农业人口向城市和非农产业转移的政策，限制了城市化水平的发展与提高，导致城市交通的发展总体处于一个缓慢增长的过程。新中国成立初期，国家对各个城市进行了新的建设和改造，使原有破烂不堪的道路得到了整治与修理，城市开始建立起较为合理的道路骨架系统，在一些重点城市中进行较大规模的基础设施建设，道路条件明显得到改善。到1957年底，全国城市道路长度和面积分别比1949年增加64%和71%（周干峙，1996）；这一时期，汽车的数量较少且增长速度比较缓慢，道路容量大于汽车通行量，城市交通比较通畅，加上同期自行车与步行为主要的出行方式，城市汽车运行速度稳定，较少出现拥堵现象（全永燊和潘昭宇，2009）。

第二节　城市道路的发展

一、城市道路概述及分类

（一）道路的定义与分类

道路是在指定的地域范围之内，按照规定的长宽，在进行人工修筑之后，为各种无须轨道的车辆和行人出行提供工具的基础设施。按其使用性质可分为公路、城市道路、厂矿道路、林区道路及农村道路等（吴公勋，2015）。城市道路可以通往城市的各地区，为城市内的车辆通行与行人出行提供便利，方便市民的工作生活，同时城市道路与城市外道路相连接，促进城市的对外交通；农村道路是指在县城范围内联系集镇村镇以及各农村居民点之间的道路；厂矿道路是指厂区与矿区之间以及不同厂矿公路与城市码头之间的衔接道路（曾菁，2019）。

（二）城市道路的作用及分类

通过对道路的不同划分来看，城市道路是城市有机体的骨架，是城市生产和生活必不可少的基础设施，是城市各个要素之间沟通与衔接的纽带，它保障着城市经济、政治、文化等活动的正常往来；而对于城市内各个要素来说，是不同用地以及居住区、街坊划分的基础。因此，从基础设施的角度来看，城市道路是城市发展中最重要的基础设施，是城市各种基础设施的重要载体和走廊；从城市运行安全的角度看，城市道路是城市卫生、人防以及消防的安全隔离带。城市道路是城市人们生活中必不可少的既重要又基础的交通设施，同时也起到了减少能源消耗保护资源与环境的作用，主要功能主要表现在以下四方面：一为交通设施功能，是指在由城市经济、文化、政治等活动产生的交通需求中，对应于道路交通需求的交通功能。道路交通功能可分为纯交通功能和沿路地块利用的出入交通功能，前者是指城市为车辆提供长距离、快速的交通功能；后者则是指城市道路为汽车、自行车与行人等提供的向沿路各用地、建筑物等出入的功能。二为公用空间功能，城市道路为政府在城市环境中人为建造的公用空间，随着城市建设面积与范围的不断扩张与发展，对土地资源的利用率逐渐提高，使得城市道路这一公用空间的价值显得更加重要。三为防灾救灾功能，城市道路的这一功能主要体现在充当临时避难场地、消防与救援通道防火隔离带的作用，在出现重大自然灾害如地震、大型火灾时，城市道路可以成为临时避难场所，为市民的安全提供保障，此外，城市道路与具有一定耐火性的建筑物相连接可形成有效的防火隔离带，以避免火势向周边蔓延；四为城市规划功能，城市整体布局配合城市道路分布，从某种意义上说，城市道路网的形式会直接决定城市平面结构和市区发展趋势，同时，城市道路网的规划情况也受到城市规模、结构以及城市功能布局的影响（徐亮，2012）。

总体看来，城市道路是城市运营文化的重要载体，是城市发展物质文明以及精神文明的集中反映。因此，对于一个城市来说，道路的规划设计是否合理，道路施工质量是否过关，是一个城市能否快速高质量发展的重要基础，这影响城市生产、生活以及经济发展的速度，影响城市各方面活动的协调。

根据以上对城市道路作用的描述，以此为标准对城市道路进行分类，可以划分为四种不同的类型：快速路、主干路、次干路和支路。一是快速路。快速路是指为流畅地处理城市大流量交通往来而建设的道路。快速路要求有平顺的线型，与一般道路分隔开，保证汽车可以安全、快速和舒适地通行；原则上应全封闭，其进出口应为完全或部分控制的状态。二是主干路。主干路是将城市中不同区间联系起来的干线，是城市道路的“骨架”，主要功能是交通运输，非机动车交通量大时，宜采用机动车道与非机动车道分隔的形式，同时要保证一定的行车速度，故需要根据交通量的多少设置相应宽度的车行道，以供车辆通畅地行驶。三是次干路。这是一个区域内的主要道路，是一般交通道路兼有服务功能，这类道路和主干道路结合起来，形成城市路网，起到集散交通的作用，具有服务功能。四是支路。支路是次干路以及居住区的连接线，解决局部地区的交通，承担主要的服务功能（曾菁，2019）。

一般情况下，城市道路包括各种类型和不同等级的道路、交通广场停车场以及加油站等设施；在交通不断发展的高度发达的现代化社会城市，城市道路还包括高架道路、人行过街天桥等设施。在城市道路建筑红线之间，城市道路由以下各个不同功能部分组成：一是车行道，指供各种车辆行驶的道路，其中，供汽车、无轨电车等机动车辆行驶的称为机动车道，供自行车三轮车等非机动车行驶的称为非机动车道，供轻轨车辆或有轨电车行驶的称为轻轨线或有轨电车道（徐亮，2012）；二是路侧带，是城市道路行车道两侧的人行道、绿带、公用设施带等的统称（城市道路工程设计规范，2012），包括人行道、设施带、路侧绿化带三部分，其中设施带为行人护栏、照明杆柱、标志牌、信号灯等设施的设置空间；三是分隔带，是沿道路纵向设置的分隔车行道用的带状设施，位于路中线位置的称中央分隔带，位于路中线两侧的称外侧分隔带（道路工程术语标准，1988），分隔带同时也是道路绿化的用地之一；四是交叉口和交通广场；五是停车场和公交停靠站台；六是道路雨水排水系统，包括街沟、集水井、检查井排水干管等；七是其他设施，如安全护栏、照明设备、交通信号、标志标线等。

对于城市道路来讲，城市道路等级的划分和所在城市有密切关系。城市越大，交通越复杂，城市道路分级也就越复杂。新中国成立至改革开放这一时期，国民经济在国家与政府的带动下不断发展，城市生活水平不断提高，城市交通工具逐渐多样化，使得对城市道路的要求越来越高，因此，这一时期我国城市对城市道路进行了一定程度的改造，以适应社会发展需要。

二、城市道路的特点

城市道路之所以在新中国成立后进行改造，与其相较于公路及其他道路独有的特点有关。

一是具有多样化功能、组成结构复杂。城市道路除了基础的交通功能外，还可用作停车场、城市文化与市政设施等。城市道路的组成比一般公路更加复杂，除了有机动车道，还有机动车道、人行道、地下管道等，这给城市道路的规划增加了一定难度。二是行人、非机动车交通量大。公路与其他道路设计过程中通常仅考虑汽车等机动车车辆的交通问题，但城市道路中行人数量非常多，尤其是在商业区、娱乐场所等城市道路处，人流量更为密集，需要对城市道路进行妥善设计，保证车辆与人流的正常通行，加上城市道路中存在大量非机动车辆，车辆之间的速度存在较大差异，互相有较为明显的干扰，这也是在城市道路建设与改造中需要注意的问题。三是城市道路交叉口多。城市道路是以路网的形式出现的，实现“网”状功能就需要较多的道路交叉口，城市道路交叉口的存在，会对车辆行驶速度与道路的通行能力产生直接影响，因此，交叉口设计是否合理，制约着城市道路能否发挥全部的系统功能。四是城市道路沿路两侧建筑物密集。城市道路的两侧是建筑用地的首要选择，道路一旦建成，根据其集聚性特征，沿街两侧各种建筑物也会相应建造起来，但在建立起后很难对已有建筑物进行拆除与搬迁，拓宽城市道路，因此，在规划设计道路宽度时必须充分预测未来交通发展的需要，还要注意建筑物与道路之间相互协调。五是城市道路对观赏性要求较高。城市干道网是城市的骨架，城市发展总平面布局是否美观合理，在很大程度上首先体现在城市道路网络形状特别是干道网的规划布局上，城市环境的艺术氛围要通过道路建设体现出来，这既对城市道路的建造美观性存在要求，也对其建造位置有严格的控制。六是城市道路规划、设计的影响因素众多。城市里一切人和物的交通都需要依靠城市道路，同时各种市政设施绿化、照明、防火等都需要放置在道路用地上，这些因素在道路规划设计时必须综合考虑。七是城市道路有较强的政策性。在城市道路规划设计中，经常需要考虑城市未来发展规模房屋拆迁、土地存在的征用可能性、局部与整体等问题，这些方面都会涉及众多部门与相关的方针、政策，因此城市道路规划与设计工作是一项政策性很强的工作，必须进行统筹考虑，贯彻相关方针政策（徐亮，2012）。

三、城市道路发展改造历程

1949年后，我国城市道路建设取得了重大成就。全国许多大城市改建、兴建了大量城市道路，将土泥路进行改造，铺筑了多种类型的沥青路面和水泥混凝土路面，新兴的中小工业城镇也新建了大批干净整洁的道路。

以广州市为例对新中国成立以来的城市道路改造情况进行举例说明。1949～1978年，广州市进入生产性城市改造时期，道路改造也是这一时期城市改造的重要部分。在新中国成立后，最为重要的是对已遭到破坏的道路设施进行恢复并且逐步完善，为提高城市市民的生活水平以及未来城市的发展奠定坚实基础。参考苏联模式，广州从商业港口城市转型为生产型城市，在已有工业基础的城市区域或在城市边缘地区，大力发展工业，同时作为工业发展的配套服务设施，市政道路设施的改造也随之开展。市政道路设施改造重点加强了珠江两岸的地区之间的联系，以及广佛等地的区域联系，特别是依照已经进行规划的几个重点地段进行城市道路改造（蓝素雯，2018）。

广州市这一时期的道路改造主要以城市道路修复和服务工业区配套市政道路建设为主。根据1951年统计，广州市共修复了城市道路304条，基本上恢复了城区的道路网，便利人民群众的出行，缓解城市交通压力；1949年广州解放前夕，国民党炸毁了珠江两岸唯一的跨江大桥——海珠桥；1950年衡阳铁路局广州分局负责修复海珠桥，在海珠桥完成修复后，恢复了珠江两岸的交通联系，促进了资金、劳动力等各方面往来，加快了广州市经济发展；“一五”计划时期，广州市恢复经济生产，借鉴苏联的发展模式，一共编制了9个城市总体规划方案，根据广州总体规划第4方案与第9方案，对当前阶段的城市道路网进行完善，对现有城市道路进行改造，改造登封路、东川路、大北直（现盘福路至流花路处）、荔湾路等道路，并且新建了应元路和大沙头沿江路等道路，新建道路长29公里，道路面积为25公顷；1958年后，广州市在城区新建了芳村大道、环市路、芳村东路、河南南路、黄沙大道、人民北路和环市路、江南大道等工业区道路，加强市区和工业区的交流联系，并且在原有道路的基础上进行进一步改造，拓宽了小港路、东风路（原德坭路）、中山七路和中山八路等路段，并在1965年前将越秀区原有的大量砂石路和泥路改为沥青和混凝土路；1960年珠江大桥通车，加强了广三铁路和市内铁路之间的联系，完善了广州市的铁路系统，同时也加强了中心区域芳村、佛山等珠江西岸的联系，推动珠江西岸地区的开发；随着海珠地区工业经济的快速发展，海珠桥的交通量出现较大的增加，1965年人民桥开通，缓解了海珠大桥的交通压力，也加强了珠江南北两岸的联系；“文化大革命”时期，城市道路改造与建设速度放缓，道路改造主要针对路况进行，分为道路断面改造和路面改造，例如东风路、环市路、人民北路等将达道路改造为“三块板”道路，大德路、荔湾北和北京路等改造为水泥混凝土路面，同时，海珠桥的扩建推动了城市内部道路的新建（蓝素雯，2018）。

截至1978年，广州市道路总长度达391公里，道路总面积为348万平方米。新中国成立至改革开放这一时期城市道路建设发展较为迅速，在改造过程中主要呈现出以下三个特点：一是道路改造与建设加强了城区与工业区，工业区内部之间的联系。广州市城市道路改造以加强城区与工业区的联系为主要目的，并对道路的功能进行进一步完善，在新中国成立初期主要是以改造和恢复已有基础设施为主，中期是与新建城市道路进行衔接的，而后是以改造和拓宽路面为主。其中珠江大桥、人民桥的新建和海珠大桥的重建完善了珠江两岸的道路系统，加强了越秀、东山、荔湾区与芳村区、海珠区的联系。二是形成了“一环两横五纵”的道路结构。从道路结构上来看，在道路已经形成的城区内，道路基本按照城市总体规划发展，形成以黄沙大道、一德路、万福路、环市路组成的环路，越秀、荔湾和东山区基本形成“一环两横五纵”的道路结构，芳村和海珠地区道路骨架仍然需要完善。三是改造过程完全由政府主导。在社会主义计划经济体制下，土地为国家所有，通过政府划拨土地、国有企业无偿划拨土地，政府通过财政拨款，在城市内进行道路扩宽、新建城市道路与原有道路横截面改造等改造项目（蓝素雯，2018）。

通过广州市在新中国成立至改革开放前这一时期的城市道路改造经验，可以总结出我国城市在该时期城市道路改造的大致特征。一是以城市已有的道路为基础进行修复改造：虽然在经历过抗日战争与解放战争后城市道路受到较为严重的破坏，但是城市原有道路符合该城市经济发展与城市规划的要求，因此原有道路具有保留价值，在其基础上进行道路修复与建设；二是道路改造受到城市未来发展规划影响。新中国成立为我国城市发展一个重要的新起点，各城市都抓住有利于自身发展的机遇不断为经济的腾飞夯实基础，城市交通为经济发展的重要基础设施与保障，而城市道路又是城市交通的重要又基础的部分，因此各城市在对道路进行改造时必定会考虑城市长久规划，对新建道路进行合理布局。三是在这一时期道路改造历程呈现出快速进行到缓慢发展的特点。新中国成立初期，百废待兴，政府对城市道路改造给予较高的重视，加上“一五”计划的实施，使我国工业发展得到一定程度的突破，为城市道路改造提供重要的技术支撑，使城市道路改造呈现较为快速的发展过程，后期随着“大跃进”与“文化大革命”的出现，国家对城市道路改造与交通发展的重视程度与扶持力度大大降低，加上工业与经济的停滞不前，导致后期出现缓慢发展情况。四是城市道路改造与国家政策息息相关。在这一时期，土地为国家所有，国家对土地具有完全支配权利，国家政策不仅包括直接针对城市道路改造的政策，还包含对经济、工业等方面的政策。这些政策都会对城市道路改造造成直接或者间接的影响，关系到改造的进度与发展速度。

新中国成立至改革开放前，我国城市道路改造出现了明显的成果。新中国成立初期，为配合我国重点工程项目的建设，在一些重点城市中进行了大规模的基础设施建设，道路情况得到明显改善。到 1957 年底，全国城市道路长度和面积分别比 1949 年增加 64% 和 71% （周干峙，1996）。“文化大革命”期间，城市道路的建设资金比例下降，城市道路建设发展缓慢。1966 ~ 1977 年，道路面积年平均增长率仅为 2% ，而同期城市机动车保有量的年平均增长率为 6% ~ 10% ，一些大城市开始出现交通拥堵现象（全永燊和潘昭宇，2009）。

不过，由于我国交通设施薄弱，且发展状况较差，城市道路改造甚至城市交通的发展必定不会一帆风顺。新中国成立至改革开放这一时期，这期间自行车作为重要的交通工具在城市居民的出行中得到了迅速发展。除了北京开始进行地铁建设之外，在其他城市公共汽车及电车是公共客运最重要的方式。这一时期国内关于城市交通问题的研究很少，还没有建立完整的城市交通规划理论方法体系。尽管 20 世纪 80 年代中期一些特大城市已出现交通拥挤现象，但当时还没有“城市综合交通体系”的概念，对城市交通需求总量、拥堵时空分布特征及方式的构成以及综合交通体系内部结构和组成要素之间的相互制约关系认识不深，对城市综合交通体系与外部环境（如城市空间结构、功能布局、社会经济发展水平）的相关关系研究极少，这一时期的城市交通规划是凭经验判断进行的，并不了解客观需求以及整体交通运行规律，基本以定性分析为主（全永燊和潘昭宇，2009）。可以想象，在这样的条件下，城市交通规划还只限于道路基础设施的布局规划，无切实可行的办法应对日趋紧张的城市交通问题，甚至无法将城市道路改造结合市民的出行需求，即使改造取得一些成效也会很快被随之而来的新的交通需求盖过。以北京市为例，这一时期针对城区一些道路交叉口和拥堵点曾经一而再、再而三地进行多次反复拓宽与改造，最终都陷入窘境，由于缺乏对路网整体系统的分析，这种改造仅仅带来拥堵的空间转移，并没有真正解决拥堵问题（全永燊和潘昭宇，2009）。

第三节　自行车出行方式的兴起

自行车又称“脚踏车”，通过人力驱动，至少有两个车轮，利用手把和前叉转向（晓宇，2002）。自行车不存在噪声与环境污染的问题，重量轻、方便骑行与操作，价格较低，受众广，大部分市民都有能力购买，使用与维修都十分方便，既可以作为代步和运载货物的工具，又能用于体育锻炼，越来越被市民广泛使用。

一、自行车出行起步

新中国成立后至改革开放前的三十年左右时间里，国内生产力不断提高，国人对自行车这一新颖便捷的交通运输工具表现出了极大的喜爱，这种交通出行方式成为城市居民出行的主要方式。这三十年，我国完成了从农业国到初步工业化国家的历史性过渡，虽然中途出现三大改造、“文化大革命”等波折，但是我国工业在这一时期得到了一定程度的发展，为自行车在这三十年以及之后较为快速地发展奠定了坚实基础。

1949年，新中国成立后，军委会先后接管了各地的自行车厂，中国自行车工业从此之后迎来了新生。尽管“凤凰”牌自行车生产数量在当年就已经达到了15.6万辆，其他品牌自行车的生产数量也不少于这个数字，但在巨大的市场需求面前依然杯水车薪（廖春海和梁浩波，2014），足以看出我国市民当时对自行车的需求量之大。1954～1957年，自行车在我国普通劳动者阶层中的购买量和使用量有了较大程度的增加。据统计，1957年北京每100户居民中自行车平均拥有量为32.2辆（曹子西，1994）。在1958年《国民经济统计报告资料选编》中，对1957年全国23所城市2661户工业工人进行调查：当时20岁以下的117户青年工人中，拥有自行车的人数占13.68%；21～25岁的977户青年工人中，20.57%的工人有自行车；26～30岁工人有888户，其中拥有自行车的比重为20.16%；40岁以上的工人中，17.22%拥有自行车（《国民经济统计报告资料选编》，1958）。通过该调查可以看出，在20世纪50年代末，越来越多的普通职工通过骑自行车的方式上班，自行车这种交通方式不但价格低廉，而且存在较高的灵活性与准时性，即使在道路狭窄、路面状况较差的情况下也能正常地骑行（郑艳，2005）。到了20世纪70年代，自行车这一城市交通方式在我国全国已经实现基本普及。当时，自行车、手表、缝纫机被称作“三大件”，自行车不仅是一种城市出行方式，也是身份与地位的象征（石海芹，2017）。

二、自行车王国的形成

改革开放前，城市交通资源十分有限，人们出行方式除了步行之外，可以用来代步的交通方式大部分为公交车和自行车，但是由于我国当时公交线路少，设计不完善，导致车厢拥挤，乘坐体验较差。相比之下，最方便的交通工具是自行车。自行车骑行数量增加是新中国成立后我国广大劳动人民在城市出行方式的一个重大变化，而且这种趋势不断加强，形成了我国“自行车王国”的局面。

20 世纪 80 年代以前，我国城市交通的主要构成是自行车交通，全国城市中的汽车不足 200 万辆（王云玲，2008），城市交通中的拥堵问题不突出，人们对城市交通的认识局限在城市道路的规划与建设方面。20 世纪 70 年代末，西方国家的城市交通工程与规划思想传入了我国，人们开始认识到城市交通丰富的内涵。1979 年，在城市规划学术委员会下成立了大城市交通学组，针对当时的城市交通状况，提出了一系列城市交通建设的指导思想，强调道路功能的划分，对城市道路交通进行规划要从长远考虑，给未来发展留有余地等等。由此开始，人们对城市交通的认识由单纯的道路逐渐扩展到道路和交通流两个方面（王云玲，2008）。

三、自行车工业的发展

自行车工业的发展保证市民拥有足够数量的自行车，为自行车这一城市出行方式在新中国成立后、改革开放前的较快速度发展以及城市交通的重要组成部分提供保证。

新中国成立以后，以英国自行车“罗列”为蓝本，第一辆全部国产化的自行车“飞鸽”于 1950 年 4 月在天津诞生（廖春海和梁浩波，2014），1949 年之后，中国才有了真正的自行车工业。自行车工业得到了飞速发展。1950 ~ 1981 年平均每年增长速度可达 24.9%。在恢复时期，增长速度为 78.7%，“一五”期间达 58.7%，“二五”期间增长速度为 11.2%，1963 年至 1965 年增长速度为 10.3%，“三五”期间达到 14.9%，“四五”期间为 11.1%，“五五”期间为 15.8%（俞坤一和赵福生，1982）。生产量由1949年的1.4万辆发展到1981年的1754万辆，跃居世界第一位。自行车产量增长情况如表2－1所示。

表2－1　自行车产量　单位：万辆

年份	1949	1952	1957	1958	1962	1965	1970	1975	1978	1979	1980	1981
产量	1.4	8.0	80.6	117	137	184	369	623	854	1010	1302	1754

资料来源：俞坤一、赵福生：《我国自行车工业的发展和布局概况》，载于《经济与管理研究》1982年第4期，第42～43页。

为适应城乡人民对自行车的需要，截至1982年全国有22个省、区、市都兴建了自行车厂和自行车零配件厂，形成了一个完整的自行车工业体系。

第四节　城市公共交通发展历程

一、城市公共交通的分类

根据我国《城市公共交通分类标准》，城市公共交通分为四大类：城市道路公共交通、城市轨道交通、城市水上公共交通和城市其他公共交通。

（一）城市道路公共交通

城市道路公共交通是我国城市公共交通系统的主体。城市道路公共交通是指行驶在城市地区各级道路上的公共客运交通方式，包括常规公共汽车、快速公共汽车交通系统、无轨电车等；公共三轮车、公共马车也属于早期的城市道路公共交通，但目前极少使用（交通运输部道路运输司，2011）。常规公共汽车是常见的城市道路公共交通方式，它按照指定线路在城市道路上行驶，在固定站点停靠，具有广泛性、机动灵活、投资力度小和适应性强等特点。但是常规公共汽车易受其他交通工具干扰，存在道路交通较为拥堵时运营速度低、可靠性较差等缺点。快速公共汽车交通系统是20世纪后期新兴的城市公共交通方式，由智能调度系统和优先通行信号系统控制，更加智能高效。无轨电车为电动公共客运车辆，具有固定的行车路线和车站，通常无轨电车采用架空接触网系统供电，需要在无轨电车行驶路线上架设供电系统（段嘉琪，2019）。无轨电车的载客能力以及行驶速度，基本与公共汽车相同；无轨电车系统设施由无轨电车车辆以及相匹配的牵引供电系统、相对固定的运营线路、相应等级和规模的起点站、中途站、终点站和停车站场、维护修理场地所组成（交通运输部道路运输司，2011）。

（二）城市轨道交通

城市轨道交通通常以电能为动力，设置全封闭或部分封闭的专用轨道线路，以列车或单车形式，运送大规模客流的公共交通运输方式。与公共汽车等交通方式相比，城市轨道交通具有载客量大、速度快、安全准时等特点，对于节约城市用地与资源、保护环境、引导城市向集约化发展具有重要作用。城市轨道交通分为七类：地铁系统、轻轨系统、单轨系统、有轨电车、磁浮系统、自动导向轨道系统和市域快速轨道系统（交通运输部道路运输司，2011）。地铁主要在城市地下空间修筑的隧道中运行，当条件允许时也可穿出地面，在地上或高架桥上运行。地铁具有载客量大、准时安全快速、不受其他交通方式影响等优点，缺点是建设成本较高、建设周期长等。轻轨指跨座式单轨上运行的列车，与地铁相比，轻轨行车速度快、行车噪声小、乘坐更加舒适，具有较大的灵活性，建设成本也相对较低。单轨系统是指列车以一根轨道梁运行、车辆与特制轨道梁组合成一体运行的中运量轨道运输系统，轨道梁不仅是车辆的承重结构，同时是车辆运行的导向轨道。单轨系统的类型主要有跨座式单轨系统和悬挂式单轨系统两种；其占地面积很小，与其他交通方式完全隔离，运行更加安全，准时性更高，建设具有较强的适应性（交通运输部道路运输司，2011）。有轨电车是采用电力驱动并在轨道上行驶的交通车辆，其轨道主要铺设在城市道路路面上，由于电车由电力推动运行，车辆不会排放废气，是一种无污染的交通工具，有轨电车运行平稳舒适、噪声小、具有较高灵活性、运行准时，建设周期短，更适合城市街道布局。

（三）城市水上公共交通

城市水上公共交通是航行在城市及周边地区水域范围的公共交通方式，是城市公共交通的重要组成部分，主要包括过江（河）两岸公共交通、沿岸线航行公共交通和旅游观光交通，根据运送对象的不同可分为客渡和车渡形式（交通运输部道路运输司，2011）。

（四）城市其他公共交通

城市其他公共交通是除以上公共交通方式之外，在一些特殊情况下使用的客运索道、客运缆车扶梯、电梯等交通方式，随着科学技术的不断发展与生活水平的提高，以及越来越多便利市民生活的城市公共交通方式出现，这些交通方式也具有城市公共交通的服务特征。

二、城市公共交通的特征

城市公共交通与其他城市交通方式相比，具有运行功能特征、需求特征、服务特征和运营管理特征等特点。

（一）运行功能特征

从交通运行功能方面看，与小汽车等其他交通方式相比，城市公共交通具有载客量大、污染排放少和社会公平性强等特点。利用公共交通出行可极大提高市民出行效率，相较于私家车其载客量大，减少污染物排放量与能耗量，有利于环境保护与治理；此外，城市公共交通方式门槛低，几乎可以实现人人能够乘坐，具有较强的社会公平性。

（二）需求特征

“衣食住行”是广大人民群众最基本的生活需求，而城市公共交通解决的是最广大人民群众的基本出行需求，能够满足几乎全部市民的出行需求，是城市功能正常运转的基础。城市居民对公共交通服务具有很大程度上的依赖性和使用“惯性”，这一特征要求城市公共交通必须保证稳定性、可靠性、普惠性以及公平性，要能够满足不同收入、不同年龄、不同工作岗位以及残疾人等各群体的多元化出行需求（交通运输部道路运输司，2011）。

（三）服务特征

城市公共交通是一种典型的公共服务，从交通工程角度、服务业角度和公共产品角度三方面对其服务特征进行分析。从交通工程角度来看，服务对象具有广泛性，服务方式具有多样性，服务作业具有分散性，服务具有一定要求即规定性；从服务业角度来看，城市公共交通直接服务于乘客本身，服务人员与乘客之间的接触具有随机性与不定性，在上下班高峰时刻有极高的服务强度，服务人员的劳动密集程度高；从公共产品角度来看，公共交通具有公用性和公益性的特征，投资较大回收周期长，市场化程度较低，多为政府管控；价格机制不灵活较为固定、价格的变动调整受政府和社会舆论的干预（交通运输部道路运输司，2011）。

三、城市公共交通方式转变

（一）我国城市公共交通发展历程

城市公共交通是随着城市的发展而发展的，当城市形成以后，公共交通又起到了推动城市发展的作用，因此二者是相互促进、相互影响的关系。在维护城市功能方面，公共交通具有个体交通无法实现的强大优势，如载客量大、运行效率高、能耗低污染小等，因此日益引起我国各城市政府的重视。许多发达国家都大力开发研制大运量、高速度、立体化的公共交通设施，以保证城市功能的充分发挥与更好实现，这是现代化城市发展的必然（邵春福和宋瑞，2014）。

城市公共交通是城市建设、经济发展和人民生活所必需的重要公用事业，也是城市的重要基础设施。我国从古至今对城市公共交通有着足够的重视，是世界上较早出现城市和城市公共交通的国家。早在隋朝时代，首都洛阳就有作为城市公共交通方式运营的船只出现；到唐朝，都城长安的轿乘成为当时主要的城市公共交通工具；鸦片战争后，马车在通商口岸兴起，成为代替轿乘的城市公共交通工具，随后人力黄包车也逐步发展起来。新中国成立前，城市公共交通基础很差，1904 年，中国香港首先建立起有轨电车运营线路，1906 年天津出现了有轨电车，10 年后上海、天津又相继发展了公共汽车，标志着我国进入了以机动化交通工具为代表的近代城市公共交通发展阶段。但到新中国成立初期为止，全国 72 个城市中，只有 26 个城市有一些破旧不堪的公共汽车、电车，但也是勉强运行（邵春福和宋瑞，2014）。新中国成立以前，我国城市公共交通企业通常以官办或商办为主，规模小、车辆旧、服务水平低、舒适度较差，同时具有较高的门槛，大部分城市大众无法正常乘坐使用，普及性与实用性较差。总体来说，在新中国成立前，我国城市公共交通总体发展十分缓慢且存在较为明显的局限性（交通运输部道路运输司，2011）。

新中国成立后，随着经济建设的迅速发展和城市规模的不断扩大，城市公共交通事业也相应得到发展。国家第一个“五年计划”期间，沈阳、长春、哈尔滨等城市对有轨电车设施进行了改造和扩建。到 1957 年以上三所城市的有轨电车数量已占公共交通车辆总数的 50%，并占城市客运量的 50%（邵春福和宋瑞，2014），这一数据可以说明沈阳、长春和哈尔滨三所城市对城市公共交通发展的重视以及发展情况达到较高的水平；同时北京、天津、上海等大城市开始发展无轨电车。在这期间各地公共交通部门还兴建了一些车辆保养、修配等重要设施，为城市公共交通工具的维修等提供便利。第二个五年计划后，国家增加了对城市公共交通的投资：国产“解放牌”汽车的问世，为我国客车生产的发展创造了条件，加之同期从国外进口了一批公共汽车，使我国公共交通的客运能力有了明显的提高；1960 年在南京、武汉、广州、西安、重庆、太原、青岛、齐齐哈尔等城市建成了第二期无轨电车工程；北京、天津、上海、沈阳等城市也相继完成了无轨电车的扩建工程；一些沿江河的城市也积极发挥水运优势，开辟了水上航线，发展了轮渡事业（邵春福和宋瑞，2014），全国城市公共交通发展情况出现较为良好的势头。

在 1949 ~ 1978 年这一阶段我国城市公共交通发展也暴露出一些问题。如我国城市公共交通行业一直以来倾向于实行由政府直接进行投资、由国有企业垄断经营管理的政府统包经营的管理体制。典型的表现形式是：公共交通单位相关领导由政府进行委派，公共交通乘坐价格由政府制定，所需资金由政府划拨，相关企业由政府管理，企业盈亏由政府统一负责，不存在任何自负亏损的经营风险，是一种典型的政企合一的管理体制（交通运输部道路运输司，2011）。在这种机制下，政府是提供城市公共交通服务的唯一主体，直接控制城市公共交通的发展规划与计划，直接对公共交通进行投资建设和运营管理，以较低价格提供城市公共交通服务，最终导致城市公共交通的服务水平相对较低。

这阶段城市公共交通发展的问题主要为以下三方面：一是城市公共交通行业内管理效率低下。国家包揽统一管理的体制必然形成企业在经营与管理上的依赖性，从而导致自身管理意识的弱化与管理技术水平的落后，导致城市公共交通对资源、资金等利用低效与企业经济效益的低下，城市公共交通总体运力不足与运行资源安排与调配不均衡，以及公共交通企业资金短缺与资金使用不合理等问题，从而导致市民乘坐公共交通便捷程度降低，造成企业发展速度与质量降低，使得发展陷入困境。二是企业自身经营困难。这一时期，我国政府对城市公共交通实行低投入、低补贴、低票价的管理政策，但是由于该时期国民经济实力有限，政府对公共交通投入严重不足，导致公共交通企业经营十分困难，连简单再生产也难以维持，导致服务水平与质量无法保证。三是企业经营劳动密集。由于该时期“普遍就业”思想的指导以及城市公共交通技术上的落后，造成我国城市公共交通企业采取了劳动密集型经营模式，但是劳动力知识技术水平普遍较低，过多的劳动力队伍给企业经营造成较为沉重的压力，使城市公共交通企业承受较为沉重的负担，发展后劲不足，最终阻碍城市公共交通事业的发展速度（交通运输部道路运输司，2011）。

综上所述，我国城市公共交通事业在新中国成立至改革开放前，总体上呈现较为明显的提升与发展，但由于我国交通事业设施的基础较为薄弱，且在“大跃进”“文化大革命”期间出现一定的错误引导，加上受这一时期经济体制与管理机制的影响，公共交通企业存在着较为明显的缺陷，发展乏力，都注定我国在这一阶段城市交通事业发展较为艰难。

（二）城市轨道交通发展

1. 城市轨道交通发展历程

城市轨道交通是城市公共交通的重要组成部分，是客流运送的“大动脉”，在城市轨道交通建成运营后，会直接对城市市民的出行、生活与工作产生极大影响；城市轨道交通是能耗低、污染排放少的绿色交通方式，有利于缓解城市的污染问题，促进城市发展，对于实现城市的绿色可持续发展具有非常重要的意义；城市轨道交通是城市建设史上最大的公益性基础设施，对城市的全局和发展模式将产生深远的影响（孙肇晨，2013）。城市轨道交通的建设可以带动城市沿轨道交通区域的发展，促进城市在轨道交通线路附近区域的繁荣，形成城市多个副中心，减轻城市中心人口密集、住房紧张房价过高、空气污染严重等“城市病”问题；城市轨道交通的建设与发展有利于节省市民出行时间、提高市民出行的效率，改善生活质量，降低城市拥挤程度，改善城市交通秩序，促进城市长远持续发展。

从新中国成立到改革开放前，我国城市轨道交通基本处于时断时续的缓慢发展期，轨道交通结构和质量处于常规水平。北京是我国第一座建设地铁的城市，直到改革开放前，建成通车的也仅 42 千米。这一时期城市交通政策是鼓励人们采用骑自行车出行的交通方式，并对使用自行车上下班的企业职工和国家公务员等给予一定的补贴。这一时期轨道交通建设未能引起相关方面的足够重视，各城市也未出台任何有关城市轨道交通建设和发展的相关文件和政策（陈坚，2014），这也是新中国成立后至改革开放前城市轨道交通发展较为缓慢且艰难的原因之一。这一时期，我国在“一五”计划的作用下，虽然初步建立起国家工业化和国防现代化的基础，但在“备战备荒”思想的指导下，城市经济和社会发展进程缓慢，政府对城市基础设施的投入严重不足，相关基础设施与设备较为简陋，完全不适应当时城市现代化建设的需要。这期间原有的城市地上有轨电车轨道交通也大部分被拆除，仅发展公路交通。与此同时，地铁轨道交通则基本处于起步阶段，且形式单一。改革开放后，随着我国国民经济持续快速的发展，城市经济发展速度和市民生活水平提高，引发了对城市交通需求的急剧增长，也导致城市交通问题日益突出。为适应城市迅猛发展的需要，缓解城市交通日益紧张的状况，我国政府加大了对城市轨道交通建设的投入。

2. 北京地铁一期工程

1965 年我国开始修建第一条地铁线路——北京地铁一期工程，于 1969 年建成通车。20 世纪 70 年代，天津修建了 7.4 千米的地铁（现已拆除重建）。这一时期地铁建设的指导思想为“备战兼顾交通”。

北京地铁一期工程建设背景为抗美援朝战争结束后，我国领导人决定全力展开国内交通的恢复与重建，其中包括城市公共交通建设。参考莫斯科地铁在莫斯科保卫战中用作防空洞与军事指挥所的经验，中国共产党北京市委在 1953 年下半年制定了《关于改建与扩建北京市规划草案》，其中首次提出修建地下铁道，作为“平战结合”的防御手段（麦宇旻，2014）。由于新中国成立初期我国总体经济与科学技术发展水平较低，在地铁建设上缺乏经验，所以在规划期间非常依赖苏联和东德的技术援助。1957 年，北京地铁的最早规划出炉，其中包括一条环线与 7 条其他线路，共 172 千米，有 114 个车站。其中两条线路最先动工：一条东西向线路沿长安街建设，起始点分别为五棵松与红庙；另一条南北向线路起自颐和园，经西直门、西四和中山公园后终于北京体育馆（今国家体育总局）。这两条线路被选中首先开始动工的原因是其经过的国家机关较多。但是，第二条线路直到四十年后 4 号线动工才真正开始修建（成晓华，2017）。1961 年，北京地铁筹建工作因三年困难时期而停止；几年后，地铁筹建工作才得以重新开始。

1965 年 2 月 4 日，毛泽东主席批准该项目，在经过毛泽东批准后，该工程开始动工修建，1965 年 7 月 1 日北京地下铁道一期工程在玉泉路以西的一颗白果树下举行了开工奠基典礼，地下铁道修建最初出于备战的考虑，线路连接北京西山卫戍部队驻地和北京站，并修建古城车辆段作为列车保养基地。工程按照“战备为主，兼顾交通”的方针进行设计，采用敞口明挖的方式进行施工，施工完成后再进行填埋（高俊良，2017）。这是中国自行设计、施工的第一条地下铁道，在我国城市轨道交通发展里程中具有极为重要的意义。

1969 年 10 月 1 日，北京地铁一期工程建成通车。由于是战备工程，并且在设备调试和管理调度上都缺乏经验，在 1969 年 10 月通车以后，地铁只是小范围接受参观性质的乘客（成晓华，2017）。1971 年 1 月 15 日，地铁一期工程开始试运营，这条线路是我国最早的地铁线路。虽然地铁工程建设已完成，但是地铁电气系统在较长一段时期内存在走电失火等安全隐患问题，这一问题直到 1981 年才基本得到解决。

通过北京地铁一期工程建成通车至正式运营可以看出，新中国成立后我国城市轨道交通发展的不易，不仅受到经济、技术水平的影响，还受到政治与国内国际环境的影响。

3. 从有轨电车到无轨电车

1950 年 3 月 1 日，英国布鲁斯·庇波尔公司获得在上海创办有轨电车工程的权利。1908 年 3 月 5 日，上海第一条有轨电车线路正式通车，由外痒泾桥上海总会（今广东路外滩）到静安寺，线路长 6.04 公里。1908 年 5 月 1 日，法国电车电灯公司在上海成立。1908 年 5 月 6 日，法国电车电灯公司第一条有轨电车线路通车，自十六铺至善终路（今常熟路），线路长 5.60 公里。后来的 30 多年由英商上海电车公司、法商电车电灯公司开辟了十几条有轨电车线路，19 世纪 50 年代，“英电”“法电”遗留下来的有轨电车已无法适应社会主义生产生活的需要，为了提高行车速度，减少城市噪声，整洁市容以及改善市内交通，1960 年上海市政府决定首先在淮海路上停驶有轨电车，代之以无轨电车，上海市无轨电车在经历了 20 世纪 50 ~ 60 年代的调整期，70 ~ 80 年代的发展期，于 90 年代初期步入发展高峰（韩印等，2007）。至 20 世纪 90 年代，我国已有 20 个城市建设了无轨电车线路，均采用国产设备，但与此同时，在大规模城市改建工程环境的影响下，无轨电车的发展受到制约并逐渐走向萎缩。截至 2006 年，我国仍有 17 个城市行驶无轨电车。近年来，有些城市改用公共汽车部分地取代了无轨电车（袁成，2006）。

无轨电车有“绿色公交”之称，其服务质量和运载能力与公共汽车无较大差异，如今的无轨电车，在车身结构、车厢内部设施以及各种自动化的装备方面，已完全与现代化的公共汽车一致，方便乘客出行；与私人汽车相比适用的范围更广泛，无轨电车具有零排放、无污染、噪声小、投资运营成本低等优点，相较于私家车的中长距离出行，适合于各种距离；无轨电车易于控制，加速和制动平稳，具有较强的爬坡能力（刘巧莲，2008）。

但无轨电车也存在一定缺陷。受出行线路的限制，无轨电车只能根据固定的路线行驶，灵活性较差；在建设前期需要较高的投入，在城市中会占用较大的空间；在行驶中容易受到其他车辆和行人的影响，对驾驶员要求高等。这也是后期随着经济社会结构的转型、城市空间格局的变动，无轨电车数量不断减少的重要原因。

四、城市公共交通的地位与作用

新中国成立以来，我国对城市公共交通一直给予关注与政策扶持，这与其在城市发展等方面起到的重要作用密不可分。城市公共交通是满足人民群众基本出行需求的社会公益性事业，是国家交通运输服务业的重要组成部分，与人民群众生产生活息息相关，与城市经济发展与社会进步有着紧密联系，是城市重要的基础设施和重大的民生工程（交通运输部道路运输司，2011）。与国外城市相比，我国城市具有人口基数大、人口密度高等特点，对城市公共交通需求总量大且需求层次多、由于市民收入水平存在一定程度的差异，对出行方式的价格有着较高的敏感度，这些因素都决定了我国城市的健康发展必须以公共交通为支撑，在此基础上不断发展壮大。

城市公共交通在城市发展过程中，主要在以下四方面发挥作用。

（一）支撑城市经济正常发展，维持城市功能正常运转

公共交通是城市经济发展的“大动脉”，是联系社会生产、流通和人民生活的纽带，是提升城市综合竞争力的关键环节，是城市功能正常运转的基础支撑。城市公共交通作为城市重要的基础设施和城市交通系统的核心，关系国计民生等重大事业，被誉为社会生产的第一道工序，是国际各大城市实现交通可持续发展的共同选择。发达的城市公共交通系统不仅能够便利市民的出行与生活，而且可以促进城市经济发展和社会事业的建设，降低城市拥挤程度，保障城市交通健康，维护城市交通的有序运行，

从而维护城市经济、生活的正常发展与运转、满足人民群众日益增长的出行需求、促进城市各个方面的全面发展。根据世界各国的发展经验可知，优先发展城市公共交通是完善城市交通并维持其可持续发展的必然选择。新中国成立以来的经济发展状况与社会形势都决定着我国需要重视并发展城市公共交通，但存在忽视阶段，导致城市经济发展与交通建设互相造成负面影响的恶性循环，从而阻碍我国城市建设与经济发展；随着我国政府对城市公共交通重视程度的提高，带动经济社会较为快速的发展以及各项社会事业的稳步推进，从而促进我国所有城市整体水平的提升。

（二）引导城市功能区域布局和城市发展形态

城市公共交通的建设位置会直接影响城市土地的价值和土地的开发强度，例如在地铁附近区域的房价会较高，容易形成商业区；在公共汽车路线较为交集处经济较为繁荣，属于城市的繁华区域。城市公共交通的建设位置对土地价值产生影响，进一步影响城市各个区域的功能布局和城市形态发展。一方面，城市交通系统的空间布局对城市土地价值的发展方向会产生重要的引导作用，进而影响到城市对土地利用情况与空间结构设计的变化。公共交通载客量大、价格低的特点能满足大量普通居民在高密度聚集地的出行需求，大容量公共交通系统能够支撑较高强度的土地开发，引导城市公共交通线路沿线的土地向高密度高强度集约化方向发展开发，从而提高土地利用价值与利用效率。另一方面，不同区域的交通结构影响着居民的生活方式，而生活方式的改变会直接对城市布局规划形态产生影响，在城市中，可达性高的地区相对可达性低的地区能够吸引更多的人流、资金流与信息流（交通运输部道路运输司，2011）。先进、便利的公共交通系统对于城市商业中心、金融中心等功能区的建成与发展具有重要的引领作用，对城市中居民区建设位置的选择存在着重要的带动作用。

（三）降低能源消耗与环境污染

我国在改革开放前人口数量呈现增长态势，导致城市中人口分布较为密集，土地资源稀缺。城市公共交通具有载客量大、出行效率高、污染小等优势，优先发展公共交通最适合我国当前城市和交通发展的实际需求，是减少环境污染、降低能源消耗，实现城市可持续发展的重要途径；是贯彻落实科学发展观和建设节约型社会的重要举措。发展城市公共交通能降低交通运输的社会成本，提高交通设施综合效益，符合国家可持续发展、社会经济集约化发展的方针，符合科学发展观的具体要求（交通运输部道路运输司，2011）。

（四）有利于保证社会公平性

交通出行是广大市民较基本的生活需求。城市公共交通为所有居民提供一致与公平的公共出行方式，是政府应当提供的基本公共服务。城市公共交通的价格较为低廉，能够被广大市民接受，保障了低收入阶层交通出行的权益，发展城市公共交通体现了最广大人民群众的根本利益。因此公共交通优先体现了人民大众优先的发展特点，有利于促进社会公平正义。通过优先发展城市公共交通，确立这一出行方式在城市交通中的重要地位，引导市民选择城市公共交通作为主要出行方式，为广大市民提供安全、高效快捷、经济的出行方式，是实现我国城市可持续发展的客观需求，也是体现社会公平正义，构建和谐社会的重要内容（交通运输部道路运输司，2011）。

第三章

城市交通发展新局面、新问题（1978～2012年）

1978年5月，当一篇名为《实践是检验真理的唯一标准》的文章引起了人们的关注时，中国迎来了时代的转折点——改革开放。思想的解放催动着改革的步伐，我们党工作的重点也转移到社会主义现代化建设上。但如何进行社会主义现代化建设呢？党的十六大报告指出："中国共产党要承担起推动中国社会进步的历史责任，必须始终紧紧抓住发展这个执政兴国的第一要务……紧紧把握住这一点，就从根本上把握了人民的愿望，把握了社会主义现代化建设的本质。"

"发展"二字，落乎纸面、言出于口容易，但如何付诸实践就是个难题了。毫无疑问，"吃穿住行"仍是社会主义初级阶段要解决的大问题，进一步来讲，此时我国社会的主要矛盾，是人民日益增长的物质文化需要同落后的社会生产之间的矛盾。例如，如何买到新鲜的蔬菜食品，如何买上鲜艳亮丽的服饰，如何住上干净舒适的房子，如何自由方便地出行，这正是一个普通百姓日常需要思考的问题，也是中国式的现代化——小康社会的重点内容。

1978~2012年，从20世纪转入21世纪，从计划经济体制到社会主义市场经济体制，在中国共产党的带领下，日新月异的不仅仅是快速跃升的GDP，更是千家万户更高的收入和消费需求。更快的城市交通速度，是与经济发展相适应的速度，是与人们出行需求相适应的速度。"四轮驱动，轨道纵横"，便是这一时期城市交通的主要特征。

第一节　公交车开向新世纪

公交车，指在城市道路上循固定路线，有或者无固定班次时刻，承载旅客出行的机动车辆，翻译成英文为“Bus”，也叫公共汽车、巴士。百年来，公交车历经改革、发展，成了城市交通的重要组成部分。新中国成立初期，中国自主生产出木铁混合结构客车。当然，由于当时美国的禁运，国内汽油供应短缺，公交车动力还是木炭提供。到木炭都紧缺时，还烧过白煤。木炭车一直延续到20世纪60年代中期，有了大庆油田，才逐渐为汽油车所取代。20世纪80年代，我国公交车逐渐摆脱了轨道的束缚，但相比其他非机动车出行方式，仍然份额较少。因此，我国开始在改革浪潮中不断优化改造公交车，满足大众的出行需求，特别是通勤需求。

一、公司制度改革

1985年4月，国务院批转了城乡建设环境保护部《关于改革城市公共交通工作的报告》，首次以国务院文件的形式突出强调城市公共交通的重要性。1992年，邓小平南方谈话针对社会上否定社会主义市场经济的思潮以及“双轨制”格局下计划经济体制因素的重新抬头，我们党做了大量的理论阐释，在党的十四届三中全会通过了《中共中央关于建立社会主义市场经济体制若干问题的决定》，勾画出社会主义市场经济体制的基本框架。中共十五届四中全会的《中共中央关于国有企业改革和发展若干重大问题的决定》明确指出了国有经济需要控制的五个行业和领域，其中就包含有属于“提供重要公共产品和服务的行业”的城市公共交通行业。国有公交企业是我国城市公交行业的支柱和基础，担负着主要的公共交通任务，对全社会公共交通服务的数量和质量有着举足轻重的影响。但改革开放以来，由于种种原因，国有公交企业的改革明显滞后且难以操作，进而制约着整个城市公交行业的发展。在这种情况下，如何正确处理好国有经济控制力与引入非国有经济的关系，进一步深化国有公交企业改革，以适应社会主义市场经济，成为了推动公交改革的难题。①

为了提升城市公共交通的竞争力，更好地满足人们的出行需求，许多城市对公交车企业进行了公司制度改革。公共汽车运输服务业从国家事业制式的“铁饭碗”，向国有企业制式转变。从生产环节来讲，这改变了以按需生产的事业制式，增强了公共汽车运输服务向“盈利增收”的转型。公司制度改革所采取的主要措施是改造富有“计划经济”特色的城市公共交通运输企业，将城市公共交通总公司改制成若干独立核算的公共交通运营公司；适当提高票价，减少政府对公共交通的财政补贴。②

一个比较典型的例子是上海公交运营企业的公司制度改制。在 1995 年初，上海公共交通出现了一个不甚乐观的“又亏又难”的局面——公交车企业上年亏损超过 8 亿元③，但市民仍面临“乘车难”的问题。当百姓还在为上班发愁时，政府也在发愁——财政补贴年年增加，为何坐个公交车还是那么难？这实际上反映了公交企业的效率低下问题，并不是依靠补贴就能解决的。因此，1995 年 3 月开始，上海市政府对公共汽车运输服务业进行了一系列的改革，包括改革管理体制，改革补贴机制和完善公共交通的票价票制。第一，改革管理体制。撤销了原来的覆盖全市的公交总公司，改为 13 个下辖各区的营运公司独立核算。这一方面明确了各营运公司的责任范围，更清晰直观地看出各营运公司的收支情况，另一方面也降低了纵向管理的层级，使各营运公司的管理更加扁平。第二，改革补贴机制。从对公共汽车财政补贴的“暗补”改为“明补”，增加补贴的透明度，补贴的多少、范围与资产专用性都能够得到良性的监督。同时，政府也在

① 谢地、李世朗：《论公共生产和服务领域改革的“非国有化”偏好——以城市公共交通行业改革为例》，载《经济纵横》2003 年第 11 期。

② 张国强：《中国城市公共汽车运输业改革进程和前景》，载《综合运输》2015 年第 2 期。

③ 谢军：《上海公交 八亿元亏损是如何消灭的》，光明日报网，1999 年 3 月 25 日。

逐步减少或取消部分公交运营企业的财政补贴，希望使公交企业生产经营能更加体现市场供需。第三，完善公共交通的票价票制，自 1996 年元旦，上海取消了沿用 87 年的上海公交月票，采用普票制。普票制更能反映市民出行的实际情况，切实做到按需支付，减少了月票制带来的捆绑效应。上述改革举措实施后，充分调动了公交运营企业的生产积极性，公共汽车的服务质量也有所好转，缓解了上海市民“乘车难”问题，上海公共汽车运输业的巨额亏损也逐渐扭转。

上海公交运营企业的公司制度改制收效十分显著，特别是浦东地区，城市公共交通在改革中获得了新生。1995 年 3 月，浦东公交公司由市属划归区管。浦东公交公司脱离原上海公交总公司后，浦东新区有关部门随即以资产为纽带，引进了崭新的融资机制，对公交的国有资产进行重组，形成了多元投资主体。由此出现了浦东巴士、冠忠公交、大众公交三足鼎立、相互竞争的崭新局面。重组使企业经济效益明显好转。原浦东公交公司每年需国家财政补贴 5000 万元，浦东公交属地区管理的当年，国家财政补贴就减少了 50%。1996 年，冠忠公交和大众公交率先实施“零号”工程，即在没有国家补贴的情况下扭亏为盈。1997 年，一年经历两次改制的浦东巴士发挥出极大的潜能，开始盈利。1999 年浦东公交改革 5 年全都实现盈利，资产总额已由 1995 年的 9896 万元增加到 2000 年的 5 亿多元。①

二、产权结构改革

党的十四届三中全会作出《关于建立社会主义市场经济体制若干问题

① 唐海华：《公交改革领头羊在浦东驰骋——上海浦东公交改革评述》，载《城市公共交通》2001 年第 2 期。

的决定》，如何建立现代企业制度成为关键问题，中国国有企业的改革已经走到了需要制度创新的时候。而且，现代企业制度作为国有企业制度创新的方向，以中央文件的形式被肯定下来。1993 年，建设部发布《城市公共客运交通经营权有偿出让和转让的若干规定》，国有公交企业开始改制。1995 年，建设部《市政公用企业建立现代企业制度试点指导意见》的颁布，推动了全国各地公交企业建立现代企业制度改革。然而，在一段时间内，对“什么是现代企业制度”这一问题，存在多种认识，并且表达都是十分不明确的，各种理解有正确的，也有错误的，有清楚的，也有模糊的。主要原因就是：中央文件只是原则性地提出“国有企业改革的方向是建立现代企业制度”，同样原则性地将现代企业制度的含义概括为“产权清晰、权责明确、政企分开、管理科学”这十六个字，不可能对其进行更加详细的规范和界定。但概括而言，国有企业内部产权结构的多元化应当是国有企业产权改革的方向。①

公共汽车业的产权结构改革，就是从国有全资的产权结构向吸纳社会民资的多元化产权制度改革。主要措施包括放松市场准入的管制，允许社会资本，特别是民营资本从事公交服务；对部分线路经营权开放，对公交系统的国有企业进行资产重组，组建股份公司公开上市等。2003 年 1 月，建设部下发了《关于加快市政公用行业市场化进程的意见》，明确规定开放市政公用行业，鼓励社会资金、外国资金参与市政公用设施建设，对供水、供气、供热、公共交通、污水处理、垃圾处理等经营性项目，采取向社会公开招标的形式选择经营单位。有学者指出，交通企业改革既要改体制，又要转机制。在改革体制上，重点是结合交通企业特点，按照“宜组

① 魏杰、侯孝国：《论产权结构多元化是国有企业产权改革的方向》，载《管理世界》1998 年第 5 期。

则组、宜分则分、宜放则放”的原则，进行企业组织结构调整和经济管理体制改革。在改制上，重点是按照《公司法》，采取股份有限公司、有限责任公司等多种形式，实施公司制改制，建立起现代企业制度。改制后的国有交通企业，要调整经营战略，在组织结构上，进行企业改组和产权结构调整；在经营结构上，推行“主副两个轮子一起转”；在运力结构上，向“大型专业化”发展。①

在20世纪与21世纪的交接之时，北京公交曾进行市场化改革的探索。1999年6月，北京公交集团与4家企业联合发起设立北京巴士股份有限公司（以下简称“北京巴士公司”）。北京公交集团将相对优良的资产——空调、旅游、双层、小公共及专线等月票无效的营利性公交业务入股北京巴士公司，并持有99%的股权。2001年1月，北京巴士在上海证券交易所正式挂牌。这是北京市第一家上市的公用事业公司，是公益性事业在市场经济中的一次有益探索。通过上市发行股票，北京巴士融资7.73亿元②，分别投入于空调专线车线网项目、双层公共汽车专线、长途公共汽车专线、旅游公共汽车专线、清洁燃料公共汽车改装工程、IC卡电子车票系统、公交候车亭广告及电子广告牌等项目。此举有效促进了北京公交车辆更新和公交线路网络的完善，是公交行业为拓展融资渠道作出尝试的重要一步。

北京巴士上市后，城市客运业务呈现先上升后回落的趋势。至2005年，随着燃料成本和人工成本的不断上涨，票制票价却由于实行政府定价，未作出调整，公益性行业市场化矛盾逐步凸显，北京巴士公司第一次出现亏损。2006年，北京公交一卡通于5月实施，这对北京巴士公司的城市客运业务并未产生重大的积极影响，城市客运业务的亏损呈现出进一步

---

① 闫云田：《对国有交通企业深化改革的探讨》，载《综合运输》2000年第10期。
② 张桂芳：《北京巴士上市募集资金7.73亿元》，光明网，2001年2月16日。

加大的趋势，北京巴士公司2006年度继续出现亏损。为彻底解决公交公益性与市场化之间的矛盾，在市政府的支持下，2006年9月，北京巴士公司实施了资产置换，将所拥有的城区客运业务资产及相关负债置换出上市公司，回归全资国有的公交集团，使北京巴士公司彻底解决了城市客运业务造成的亏损问题，也为北京市整体公交改革扫清了体制性障碍①。

三、市场结构重建

自党的十四大以来，我国开始了以市场化为取向的行政改革，在公共服务市场化方面进行了一些有益的探索，在交通领域推行了政企分开的改造。建设部2002年12月27日出台《关于加快市政公用行业市场化进程的意见》，将公共事业改革具体化到了城市交通部门。2003年5月1日建设部发布了《市政公用事业特许经营管理办法》，对城市公共交通的特许经营提供了指导意见；2005年2月《关于鼓励支持和引导个体私营等非公有制经济发展的若干意见》，进一步推动了市场机构的重建。之后又推出了一系列措施，从分散的经营主体向大型化的市场经营主体改革，优化了公共汽车运输服务的市场结构。包括推行公共汽车运输生产服务经营的规模化，兼并、重组和收购各种小规模公共汽车运输运营商、公交线路承包挂靠服务商形成具有较大规模经济的公共汽车运输企业实体。

一个典型的例子是深圳市公共汽车运输业的特许经营制改革。20世纪90年代初期，深圳市在特区内实行大型公共巴士的专营制度，同时开放中、小型公共巴士运输市场，较好地适应了当时的资金短缺和公交服务市

① 刘娟娟、曾庆华、李赫楠、王鲲鹏：《国内外城市公交改革对长春市公交发展的启示》，引自《转型与重构—2011城市发展与规划大会论文集》，东南大学出版社2011年版。

场需求不断增长的实际需求。21 世纪初，深圳市在前期经验的基础上，对市场准入制度进行了改革。进一步完善特区内公交专营制度，并对特区外的公共汽车运输服务开始实行线路专营。既提高公共汽车运输服务业的准入门槛，又对全市中型和小型巴士实行总量控制，一定程度上促进了公共交通运输的规模化经营。截至 2007 年，深圳市公交企业数量达到 41 家，取得线路专营权的公共汽车运营企业达到 38 家。其中，国有全资企业 5 家，国有控股企业 10 家，民营及其他 23 家。这些企业负责运营的公交线路超过 410 条，企业平均拥有经营线路 9 条，规模最大的企业拥有经营线路不超过 50 条①；大量公共汽车线路由挂靠公交企业的私人承包商经营。公共汽车运输市场经营主体分散，线路挂靠复杂，市场竞争激烈，服务质量参差不齐，场站建设滞后，线网布设不合理，不仅增加了公共汽车运输服务市场监管难度，而且不能有效综合利用公交资源。

2007 年，深圳市政府印发了《深圳市公交行业特许经营改革工作方案》，以“一体化、规模化、集约化”为导向，以实施特许经营权制度和实施公交资源整合为核心，启动了特区内外公交一体化改革工作，在全市范围建立公交区域特许经营制度。特区内，由深圳巴士集团专营；特区外，由深圳宝安、龙岗两区政府各自新组建两家公共汽车运输企业专营。深圳市政府对两家新组建的公共汽车公司分别授予公交特许经营权，经营各自区内及其辖区内的跨区公交线路，并以新组建的企业为平台，采取整合、置换、退出等形式，逐步建立起适度竞争、准公益性的公交发展平台。公共汽车运输资源整合后，深圳市形成了 3 家国有控股企业为主体的

① 袁方：《政府公共服务价格的监管机制探讨——深圳城市公交市场化体制实证分析》，载《价格理论与实践》2008 年第 7 期。

分区域专营的公共汽车运输市场格局。①

四、回归国有化

在公交企业经历了跨越世纪的一系列市场化改革后，公交的公私合作改革在全国范围内掀起了热潮，可是由于无力应付改革推行出现的各类问题，使得合作无法维系，大多经历改革的城市公交都重新回归国有化。2005 年 10 月末，国务院强调“优先发展公共交通”的思路；2006 年 12 月，建设部等四部委联合出台《关于优先发展城市公共交通若干经济政策的意见》指出，城市公共交通是公益性事业，对公交的投入要纳入公共财政体系，票价要继续实行低价政策。有学者将发生在我国城市公交改革中的这一系列现象称为市场化的“退潮”。导致退潮的原因，是公交事业的公益性与民营资本的逐利性矛盾的调和失败，回归国有经营具有必然性。

这一时期，公共汽车运输实体从股份制、多元产权，向国有绝对控股、国有独资的大企业集团改革。为适应国家优先发展城市公共交通的政策战略，强化城市公共交通运输服务的社会公益性，强调交通运输基本公共服务的均等化，全国主要城市的公共汽车运输业再度进行重组改制，重新构建以国有资本为绝对主导的产权和市场格局，并实施了大幅度普降公共汽车运输票价及相应的补贴支持政策。

一个典型的例子是秦皇岛公交。秦皇岛公交于 2002 年末，顺应“全国公交行业民营化”的浪潮，通过购股融资实现了公交民营，成立了秦皇岛公共交通有限责任公司，结束了长达 27 年的国有公交身份。产权清晰、权责分明、机制灵活成为新公交公司的最大特色。但是，随着价格的不断

---

① 张国强：《中国城市公共汽车运输业改革进程和前景》，载《综合运输》2015 年第 2 期。

上涨，基于公益性质的线路开设与国家燃油补贴不到位，造成秦皇岛公交经营成本持续增加，经济效益不断下滑。自2010年以来，秦皇岛公交长期处于亏损状态，并逐年恶化。因此，秦皇岛公交申请政府回购，通过股权回购，秦皇岛公交顺利完成国有化改制，结束了民营公交，回归国有制。①

相似的还有昆明公交。2003年8月26日，昆明公交与香港新巴正式签订协议，二者联手合资项目“昆明新世界第一巴士服务有限公司”，合约约定的合资经营期为30年，然而昆明新巴从正式成立到港方撤资，历时仅8年。昆明新巴在2008年以前基本做到持平微利，2009年后开始陷入持续亏损，经政府补贴后，投资回报率为零，主要原因是成本大幅攀升，包括燃油成本、人工成本、购车成本，尤其是2008～2010年，油价持续上升，但燃油补贴被取消，带来了成本方面的巨大压力。2010年底，由于公交企业补贴政策不明确，价格机制未理顺，香港新巴首次提出退出昆明新巴项目。2011年以后，公司运营难以维持。因既要承担大量的社会公益性服务，又要保证实行低票价政策，从而导致昆明新巴持续的政策性亏损。公司签署《股权转让协议》。2011年12月21日，政府召开常务会议，同意市国资委提出的意见，即：按照香港新世界第一巴士服务（中国）有限公司原始投资值7157.34万元，由昆明公交集团一次性回购香港新世界第一巴士服务（中国）有限公司持有昆明新巴51%的股权。至此，滇港公交合资项目全面终止。2012年5月，经昆明市公交集团公司董事会批准，“昆明新世界第一巴士服务有限责任公司”变更为“昆明公交城市巴士有限责任公司”，完成了公司类型从中外合资经营企业向内资企业的转变。②

---

① 乔晶晶、周晶：《改革之路，砥砺前行——秦皇岛公交回归国有化周年纪实》，载《人民公交》2015年第5期。

② 李函芮：《城市公交回归国有化研究——以昆明市公交为例》，云南大学硕士学位论文，2017年。

五、典型城市的公交车发展

在世纪交替之际，公交运营企业经过上述四轮改革，我国许多大城市中心城区的公共汽车运输服务，基本都转变为少数几家公交集团承运，主要城市已形成大型国有公交集团企业独资经营、控股经营的公共汽车市场格局。由于城市公交服务是具有普遍服务义务的基础性公共服务，因此在改革设计中必须“以人为本”，牢牢把握“无形之手”与“有形之手”，使得市场能有序进行，政府能有效监管。北京、上海、广州的公交车，在不断的改革中形成了全新的历史局面，线路长度、运营车辆不断增加，成了城市交通的重要组成部分，持续服务于当地居民，客运量呈现上升趋势。这也成了全国其他城市的学习对象，促使其他城市不断改善公交线路规划，健全公交运营机制，提升公交服务质量。

北京公交服务于中国首都北京市，以公共汽电车线路为主体，快速公交、郊区线路、长途线路、定制公交、旅游线路为辅，在 1978 年至 2012 年经历了迅速的发展。公交线路从 1978 年的 118 条，增加到 2012 年的 779 条，公交线路运营长度从 1978 年的 1403 公里，增加到 2012 年的 19547 公里。如图 3－1 所示，1978～2012 年，运营车辆从 2627 辆增加到 22146 辆，特别是 1996 年以后，北京公交进入一个快速发展的新阶段，公交线路运营长度、运营车辆快速增加，成了引领世纪之交的全国公交典范。如图 3－2 所示，北京市公交车客运量从 1978 年的 16. 95 亿人次，增加到 2012 年的 51. 54 亿人次，呈现出波动上升的状态。

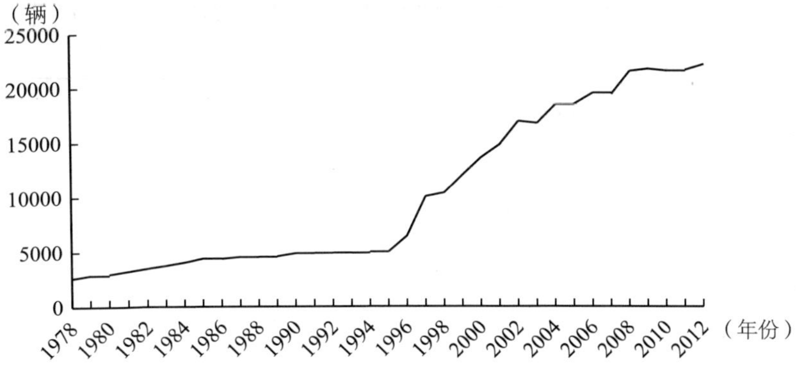

图 3－1　北京市公交车运营车辆数（1978～2012 年）

资料来源：《北京统计年鉴》（2020）。

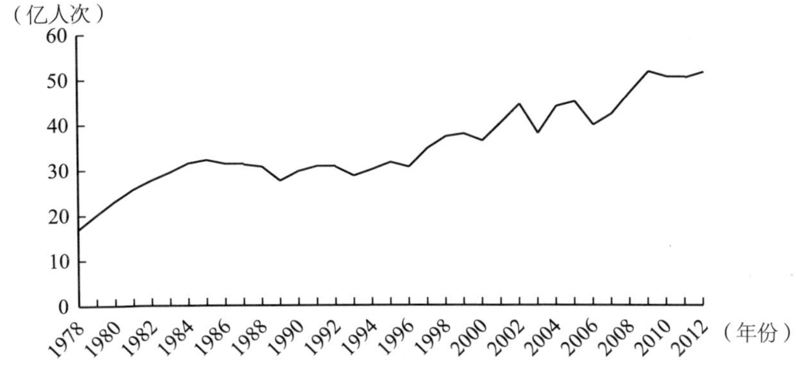

图 3－2　北京市公交车客运量（1978～2012 年）

资料来源：《北京统计年鉴》（2020）。

上海公交服务于上海市，首条线路开通于 1908 年 3 月 5 日，1978～2012 年经历了发展—改革—发展的过程。公交线路从 1978 年的 186 条，增加到 2012 年的 1257 条，公交线路运营长度从 1978 年的 3619 公里，增加到 2012 年的 23190 公里。如图 3－3 所示，1978～2012 年，运营车辆从 2983 辆增加到 16695 辆，1994 年公交市场化改革后，运营车辆不断增加，到 2003 年达到顶峰。如图 3－4 所示，1978～2012 年，上海市公交车客运量从1978年的25.05亿人次增加到1995年的51.35亿人次；由于受到月票取消和城市轨道交通发展的部分影响，1996年公交客运量下降为23.07亿人次，后持续上升，2012年客运量达到28.04亿人次。

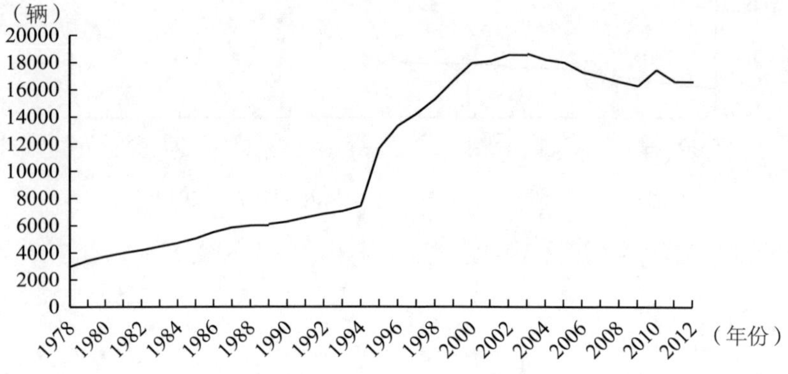

图3-3　上海市公交车运营车辆数（1978~2012年）

资料来源：《光辉七十载——上海历史统计资料汇编》（1949~2019）。

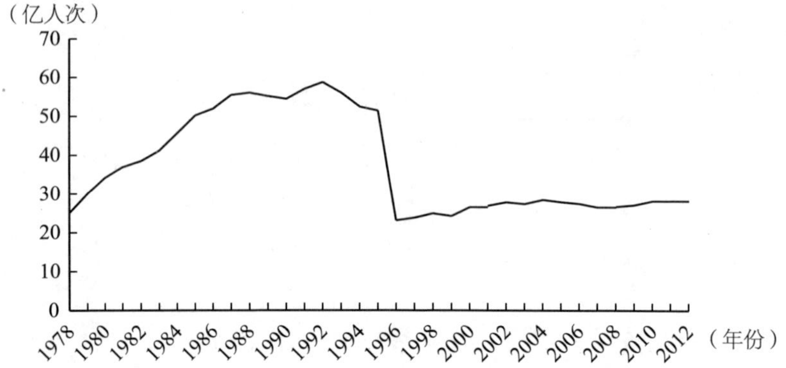

图3-4　上海市公交车客运量（1978~2012年）

资料来源：《光辉七十载——上海历史统计资料汇编》（1949~2019）。

广州公交最早可追溯于1922年，在1978年至2012年经历了由缓到快的发展过程。改革开放初期，由于资金较为短缺，公交车发展较为缓慢。

1994年，广州市引入公交市场的竞争机制，形成了多层次的公交发展格局，公交行业进入蓬勃发展时期。2007年，广州建立“城区常规公交大巴、住宅小区公交中巴、城乡接合部公交小巴”三层结构的新型公交服务体系。如图3-5所示，1978~2012年，运营车辆从908辆增加到12211辆，1994年引入市场机制后，运营车辆不断增加。如图3-6所示，1978~2012年，广州市公交车客运量从6.77亿人次增加到26.23亿人次，在引入轨道交通后仍然保持了较强的增长趋势。

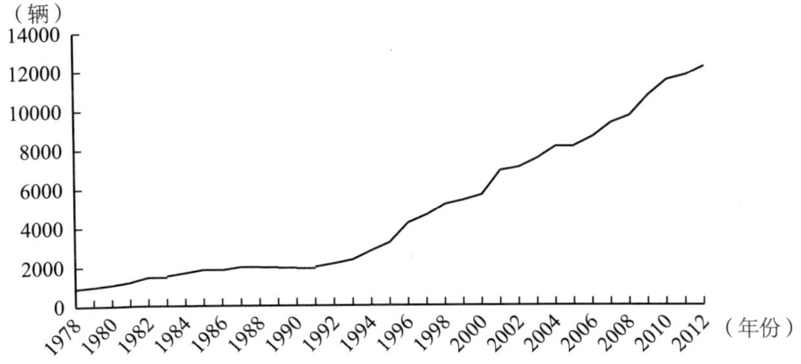

图3-5　广州市公交车运营车辆数（1978~2012年）

资料来源：广州市统计局网站。

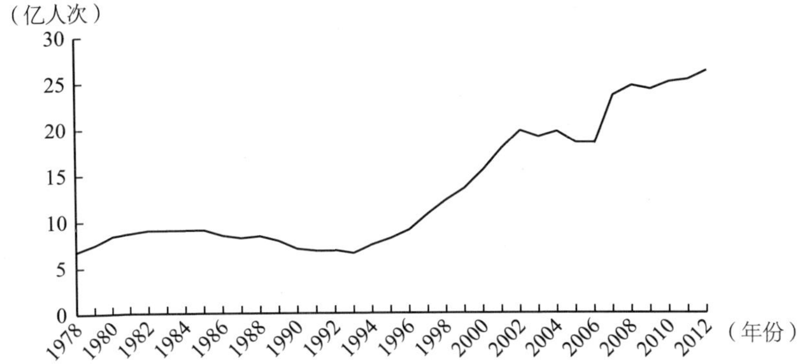

图3-6　广州市公交车客运量（1978~2012年）

资料来源：广州市统计局网站。

总体而言，城市公共汽车运输服务业改革，呈现出渐进螺旋向上的发展周期。为了促进公共交通的持续健康发展，推动市场内部的有效、良序、合理竞争比不断变更资产所有权更重要。加强公共汽车运输服务的供给侧结构性改革，破除垄断的市场格局，在竞争性环节加强市场化改革，建构公共汽车运输服务的可竞争市场。在这个前提下，发挥市场“无形之手”和政府“有形之手”的协同作用，建立政府监管、市场主导、社会参与、企业经营的综合型治理制度结构，不断深化对公共汽车运输服务业的系统化、渐进式改革，获取发展动力与创新动力，减少城市公共汽车发展及相应财政补贴的机会成本，实现公交企业持续、稳定、安全、高效发展。

第二节　走向大众的城市轨道交通

城市轨道交通（urban rail transit）是工业化、城市化发展到一定阶段的产物，主要由地铁、轻轨、城铁、有轨电车等重点服务于城市区域的具有特定轮轨技术特征的轨道交通类型构成，它是一种有别于城际轨道交通、客运专线或高速铁路的特殊交通形态，采用轮轨技术，采取小编组、高密度、快速度的轨道交通运输组织方式，满足以特定中心城市为核心的城区、城市、市郊的旅客出行需求。改革开放以来，随着部分大城市社会经济的快速发展，各种稀缺经济资源以及交通运输资源开始在大城市中大规模集聚，城市轨道交通规划、建设、投资、运营、开发等已经进入一个快速发展期[①]。

中国城市轨道交通建设动议始于1953年9月28日，北京市委《关于改建与扩建北京市规划草案要点》提出："为了提供城市居民以最便利、最经济的交通工具，特别是为了适应国防的需要，必须及早筹划地下铁路的建设"。1965年7月1日，北京地铁第一期工程在玉泉路正式动工，1971年正式投入运行，比世界上的第一条地铁整整晚了102年。改革开放后，特别是21世纪以来，中国的城市轨道交通逐渐成为大众化的交通运输工具，切实地让老百姓体会到了城市轨道交通的便利。

一、城市地铁梦

地铁运量大、速度快、干扰小、耗能低，是解决城市交通拥挤的有效途径，被誉为现代都市的"大动脉"。在改革开放之前，我国仅北京修建了国内第一条地铁，作为战备防护、疏散人民的主要通道工程。1970年10月1日正式通车后，地铁依然还是战备工程，所以，北京地铁在通车后很长时间不对公众开放。和现在不一样，当时的老百姓想乘坐或参观地铁，都需要持单位统一领取的参观券或介绍信才能乘坐地铁。那时候，北京地铁站还按重要程度划分了等级：北京站、前门站是甲级站；古城站、苹果园站则是丙级站；剩下的大都是乙级站。不少外地来京出差的人也想专门去坐地铁感受一下，有时候还是成群结队的，前面还有人解说。地铁俨然成了北京的一个观光项目。从1971年1月15日开始，地铁开始售票，票价1毛。1976年后，北京地铁由部队转为地方，先后划归北京市交通局、

① 刘璟、李红昌、郭雪萌：《城市轨道交通发展规律与北京城市轨道交通发展动力机制分析》，载《生产力研究》2010年第3期。

北京市公交总公司、北京市交通委，并逐步实现其民用的身份，北京地铁正式通车 12 年后，1981 年 9 月 15 日，北京地铁正式对外运营，这标志着北京地铁也开始为百姓服务①。

改革开放后，天津、上海、中国台北、广州陆续开通地铁，满足人们快速出行的需求。但是，当各个城市争相制订地铁规划期待审批时，其中也有一个非常值得思考的问题——什么样的城市适合修建地铁？需要每个城市都修地铁吗？

1993 年时，我国出现了严重的通货膨胀，当年国民经济运行的重要任务是控制通货膨胀，国家计划委员会投资司设立了一个房地产处，后来改名为城市基础设施建设处，主要任务之一就是控制城市轨道交通的建设。当时在建地铁的上海与广州，都是使用德国政府贷款建设的，费用十分昂贵，一公里造价就需要 8 亿元。同时，由于修建地铁基本都是依靠政府的财政补贴，所以一些财政收入不高的城市根本无力承担地铁巨额的建设费用。② 因此，1995 年，《国务院办公厅关于暂停审批城市地下快速轨道交通项目的通知》颁布，开篇就指出，“城市快速轨道交通（包括地铁、轻轨等）在城市交通骨干体系中具有重要作用，但由于其建设投资大、运营成本高，国家和所在城市财政目前难以承受。根据我国城市现有经济发展水平和国家财力状况，当前必须严格控制城市快速轨道交通的发展，并对在建项目加强管理”。

第一条规定：“除北京、广州两个在建地铁项目和上海地铁二号线项目外，今后一段时间内暂停审批城市地下快速轨道项目。对国务院和国家计划委员会已批准立项和原则同意建设的天津、青岛、南京等城市的地铁

---

① 张璐晶：《王梦恕称北京地铁 1 号线最安全：可承受百架飞机地毯式轰炸》，经济网—中国经济周刊，2014 年 5 月 19 日。

② 冷德熙：《致敬中国城市轨道交通》，北京交通出版社 2017 年版。

项目和沈阳轻轨项目要停止对外签约，国家计委要暂停审批其可行性研究报告和开工。”

第二条规定：“要严格执行基本建设审批程序。所有的城市快速轨道交通项目均属大型项目，必须报国务院审批。任何地方均不得自行批准此类建设项目，不得擅自对外开展工作。凡未经批准自行立项和对外签约的项目一律无效，造成重大损失者要追究有关领导人的责任。”

第三条规定：“做好城市轨道交通发展的规划工作。国家计划委员会要会同有关部门组织制订我国城市快速轨道交通的发展规划和地铁设备国产化规划。今后城市快速轨道交通项目的审批，均以国家轨道交通发展规划为依据。”

第四条规定：“严格控制建设标准。对在建地铁项目要加强管理，不得擅自改变建设规模、延长线路、扩大拆迁、增加建设内容和提高建设标准。规划城市快速轨道交通项目要坚持经济实用的原则，优先选择国产设备，减少拆迁，尽可能降低工程造价。”

这个文件下达后，实际上停止了所有城市轨道交通项目的审批。在什么城市可以建设城市轨道交通的问题上，一些学者展开了深入的研究讨论，但总体来说，应当有三个主要因素——城市交通情况、经济增长实力、技术实力。①

从其他国家发展城市轨道交通的历史来看，决定城市修建地铁的第一个因素是其城市交通情况。当城市人口超过 100 万人，单向流量每小时达到 1 万 ~3 万人次时，就会面临交通拥堵问题，此时就必须发展立体交通，建设地铁或轻轨②。北京、上海、武汉等大城市，其城市人口情况已符合发展地铁的要求，公共汽电车无法满足人们日益增长的交通出行需求。因

①② 潘建国：《中国都市地铁梦》，载《特区与港澳经济》1996 年第 5 期。

此，在大都市修建地铁，是基于城市发展的客观需要。

决定城市修建地铁的第二个因素是国内生产总值的增长，也就是说要看国家和都市是否具备了足够的经济增长实力。中国地铁建设进展缓慢，最主要的原因就是资金不足。由于地铁的造价远远高于铁路和高速公路，我国地铁每公里造价约 4 亿～5 亿元，上海地铁每公里造价 7 亿多元，台北地铁造价甚至达到 2 亿美元，这单靠国家和政府投资是远远不够的。改革开放促进了我国经济的发展，增加了国家和各城市的财政收入，同时，我国地铁建设已步入了谋求国际资本合作颇具中国特色的新路。因此，这一问题已有所缓解。

决定城市修建地铁的第三个因素是技术可行性。因为城市轨道交通路网规划需要确定线路走向、站位分布，按近、远期客流预测结果确定建设规模，按城市现状和规划，按沿线的工程、水文地质条件确定车站、区间的土建结构形式和施工方法，合理地制定运营服务技术标准和车辆、机电设备配置和选型。这些都存在一定的技术考量，需要充分考虑城市的地理地质条件与相应的建设成本。①

因此，在 2003 年，《国务院办公厅关于加强城市快速轨道交通建设管理的通知》正式出台。其中指出，“发展城轨交通应当坚持量力而行、规范管理、稳步发展的方针，合理控制建设规模和发展速度，确保与城市经济发展水平相适应，防止盲目发展或过分超前”。同时，确定了申报发展地铁的城市需要达到的几个硬性条件：“地方财政一般预算收入在 100 亿元以上，国内生产总值达到 1000 亿元以上，城区人口在 300 万人以上，规划线路的客流规模达到单向高峰小时 3 万人以上；申报建设轻轨的城市应达到下述基本条件：地方财政一般预算收入在 60 亿元以上，国内生产总值达到 600 亿元以

① 施仲衡、王策民：《大城市轨道交通建设的可行性研究》，载《地铁与轻轨》1998 年第 4 期。

上，城区人口在150万人以上，规划线路客流规模达到单向高峰小时1万人以上”。并在审批中规定：“城轨交通项目的资本金须达到总投资的40%以上。对社会保障资金有较大缺口、欠发教师及公务员工资、政府投资项目在建规模过大，与其筹资能力明显不适应的城市，其城轨交通项目不予批准。”

这一政策的出台，为中国城市发展地铁明确了基本门槛，使一些符合条件的城市可以建设地铁，同时防止了部分城市的冒进行为，为城市轨道交通的可持续发展奠定了坚固的基础。

二、艰巨的设备国产化

设备国产化是城市轨道交通发展中需要解决的核心问题。1995年的《国务院办公厅关于暂停审批城市地下快速轨道交通项目的通知》就指出“规划城市快速轨道交通项目要坚持经济实用的原则，优先选择国产设备”。由于在初期依赖外国贷款建设城市轨道交通的附加条件就是要购买贷款国的技术设备，使总体工程造价中技术设备投资比例甚至达到60%以上。因此，只有不断拓展轨道交通技术装备国产化工作，不断扩大产品国产化率，才能使外贷影响降到最低。①

1999年，《国务院办公厅转发国家计委关于城市轨道交通设备国产化实施意见的通知》出台，强调了“城市轨道交通项目，无论使用何种建设资金，其全部轨道车辆和机电设备的平均国产化率要确保不低于70%”。《关于城市轨道交通设备国产化实施方案》，进一步明确了城市轨道交通设备国产化的开发及产业化、定点企业，设备采购、组织、验收和政策等方面的要求。城市轨道交通设备国产化的主要范围包括轨道车辆、供电系

① 何宗华：《论我国城市轨道交通技术的发展》，载《城市轨道交通研究》1998年第1期。

统、通信系统、信号系统、通风与空调系统、给排水系统、环控监控系统、自动扶梯、电梯系统、自动售检票系统、防灾报警系统，重点是轨道车辆和信号系统。

城市轨道交通技术装备是技术密集型产品，涉及机械、电力电子、计算机控制、电气、数字通信等领域，有相当的技术难度。如直—交传动及控制、列车运行自动控制 ATC（ATP、ATO）、自动售检票系统等装备，国内还需努力攻关才能解决。总的来说，地铁车辆的复杂性不如干线铁路车辆。而 20 世纪 90 年代以来国内机车车辆以及机械、电器、电子行业的研究、设计、制造水平取得了长足的发展。具体体现在：（1）客运电力机车最高速度已达 240 千米/时，不换机车一次运距已达 1200 千米；客车档次已有很大提高，能满足高档客运的需要。（2）我国铁路目前的机车、客车、货车已向国外出口，车辆制造企业也开始参与国际竞标。（3）目前我国已达世界交—直流传动技术的最高水平，正在向交—直—交技术冲击，在 10 年内完成交—直流向交—直—交的过渡。（4）国内已能配套生产牵引供电和接触网设备。特别是上海，具有我国水平最高的机电设备和电力电子行业，有从事电气传动方面的优秀人才，完全有能力为城市轨道车辆电传动和牵引供电系统提供成套设备。因此，有专家指出，中国在短期内完全有能力生产出与上海地铁 1 号线相当的车辆，达到 80 年代的国际水平。①

2003 年《国务院办公厅关于加强城市快速轨道交通建设管理的通知》进一步指出要坚持装备国产化政策，促进设备制造业发展，“拟建城市要认真贯彻设备国产化的有关政策，积极采用国产设备，促进国内设备制造业发展。要不断提高城轨交通项目设备的国产化比例，对国产化率达不到

① 周翊民：《城市轨道交通技术装备的国产与国产化》，载《城市轨道交通研究》1999 年第 1 期。

70%的项目不予审批。进口的整车设备要照章纳税。原则上不使用限定必须购买外国设备的境外资金。必须进口的设备，要实行招标采购，所需外汇尽量使用国内银行外汇贷款。要通过规范城轨交通建设标准，完善技术政策和技术体系，规范和统一设备制式，为国内设备制造企业生产和研发创造条件。国内城轨交通设备生产企业，要加快人才培养和技术更新，通过技术引进和自主开发，提高设备制造能力和市场竞争力，确保为城轨交通项目及时提供所需设备”。

当时，国家专门成立了“国产化办公室”，一方面出台了一系列推进国产化的法规文件；另一方面，拿出专款支持一批城市轨道交通行业的科研机构和企业，鼓励他们积极开展自主创新。国产化实际上包含两个内容：一是重要设备要实现在国内制造生产，或进口国外零部件国内组装，一些国外公司在国内设立企业生产组装的设备也属于这个范畴；二是要实现关键核心技术的自主创新。这种国产化又称自主化，实际上是国产化所追求的深一层目标。2007 年前后，我国的一批城市轨道交通设备生产企业和科研院所成长起来，开始形成比较完备的轨道交通设备制造体系，在一大批关键核心技术产品上取得突破。2007 年 2 月，国家发展和改革委员会在广州召开第三次城市轨道交通设备国产化工作会议，会议中指出，经过不懈努力，我国城市轨道交通设备国产化工作取得显著成效。①

三、以人为本

党的十七大报告提出，科学发展观第一要义是发展，核心是以人为

① 冷德熙：《为了城市轨道交通国产化之梦》（上），载《科技日报》2013 年 7 月 2 日。

本，基本要求是全面协调可持续性，根本方法是统筹兼顾，指明了我们进一步推动中国经济改革与发展的思路和战略，明确了科学发展观是指导经济社会发展的根本指导思想，标志着中国共产党对于社会主义建设规律、社会发展规律、共产党执政规律的认识达到了新的高度，标志着马克思主义的中国化，标志着马克思主义和新的中国国情相结合达到了新的高度和阶段。

科学发展观既是从中国特色社会主义实践中抽象出的思想，同时也指导着社会实践的发展。城市轨道交通的根本服务对象是人，因此如何贯彻好科学发展观，贯彻以人为本的宗旨，是城市轨道交通运营需要明确解决的问题。总体来说，发展好城市轨道交通需要在安全、服务、经营与环境四方面做到“以人为本”。①

做好安全预防工作，防止出现城市轨道交通事故，以及建立安全应急机制，是城市轨道交通“以人为本”的首要方面。第一，确保防火、防灾工作的落实。2000 年以来，城市轨道交通的指挥中心、车场、车站及主变电所，统一设置了火灾自动报警系统、气体灭火装置；车站采用的防火材料、防雷装置均达到了国家二级标准，列车电气设备及装饰材料均采用绝缘材料；露天通道及扶梯等关键通道均考虑了防雪、防风、防震等。第二，确保乘客的乘车安全。信号系统中设置了列车自动防护系统（ATP），保证行驶车辆间的安全距离；高架线路尽端采用双重保护，在缓冲滑移式车挡后端再加设固定车挡，确保列车不会冲下高架线；采用双边供电设计，使某一牵引变电所故障时全线仍能正常运行。第三，建立安全应急机制。车站内设有安全广播，控制室装有紧急按钮，该按钮能使站内所有闸机处于自由释放状态，保证乘客能在 15 分钟内疏散；车站必须在醒目处

① 陆梁：《轨道交通建设必须以人为本》，载《地铁与轻轨》2001 年第 1 期。

设置引导乘客紧急疏散的出口、紧急出口、指向等提示标志，夜间设置紧急照明灯；根据城市轨道交通系统特点、危害因素及突发事件的特征，以及应急体系自身功能要求，设置预警体系、防御体系、预案体系及组织体系等。①

2000~2012年，我国陆续形成一系列确保城市轨道交通安全的国家及行业标准。2005年12月，中华人民共和国公安部发布了《城市轨道交通消防安全管理》。2007年1月，发布了《城市轨道交通安全预评价细则》《城市轨道交通安全验收评价细则》。2009年9月，中华人民共和国国家质量监督检验检疫总局、中国国家标准化管理委员会发布了《轨道交通通信、信号和处理系统》国家标准；2011年6月，出台了《城市轨道交通安全防范系统技术要求》。这一系列标准及规范都体现了城市轨道交通的"安全第一"原则。

提供优质服务，在换乘、购票、乘坐等方面更加便捷化、舒适化，是城市轨道交通不断追求的目标之一。第一，换乘环节包括城市轨道交通内部换乘和外部换乘。内部换乘中更加注重导引标志、指示灯的设置，增加了许多可内部换乘的枢纽及电动扶梯，减少了内部换乘的疲惫感；外部换乘中开始试行如换乘优惠、联程票等优惠措施，并且在新线路规划设计上尽量考虑同城市交通、公共汽电车交通的接驳。第二，购票环节优化了票券载体及检售票系统。票券载体从纸质乘车券过渡到可集成充值的IC卡。随着IC卡的应用，出现了自动检售票系统（AFC）。乘客可以随时随地给IC卡储值，甚至能够当作电子钱包使用，同时与城市公交系统实现"一卡通"。系统的采用不仅成倍地提高了乘客的通行速度，方便了市民出行还

---

① 宋键、杨耀：《城市轨道交通应急体系研究》，载《城市轨道交通研究》2009年第9期。

有利于准确及时地对客流量、销售额等数据进行实时的收集和管理。① 第三，乘坐环节充分考虑了乘客的舒适性与可靠性。车辆采用先进的启动和调速，采用数字模拟式电控制动系统，确保车辆在起动、变速、制动时速度平滑变化，保证乘客乘坐舒适；配备了风扇、暖气、空调等制冷制热设施；增加了运行时间和到站提示等信息提示功能。

在服务环节的提升方面，我国很大程度上借鉴了日本、伦敦、新加坡等国外经验。为了能够实时显示车站变化信息，在设置大显示屏的同时，逐渐增加若干小型显示屏以及引导标识。在车站不设候车厅，使车站功能向“通过式”车站发展，更加注重乘客的进站、出站及换乘线路的合理性，方便乘客乘车和中转换乘。对特殊群体的服务方面，为残疾人设计连贯的无障碍通道、专用洗手间、盲文导向标志等，为儿童设计专用座椅、马桶、楼梯扶手等服务设备。②

城市轨道交通企业不断降低运营成本，优化投融资模式与经营模式，是一直改进的重点方向。第一，不断优化企业内部层级。运营企业实行小业主大社会的管理模式，严格控制运营公司人员数量。第二，探索多元的经营模式。联合房地产企业进行物业开发、周边市场开发，增加非票务收入。③ 第三，寻求新的投融资模式。通过引入民间或社会资本，探索公私合作伙伴关系（PPP）。④ 第四，优化计价票制。部分城市长期使用单一票制，使得城市轨道交通亏损严重，通过更新设备和检票系统，实行计程票

---

① 广州市地下铁道设计研究院、广州市地下铁道总公司、三星数据（北京）公司、新加坡科技电子公司：《城市轨道交通自动售检票（AFC）系统》，载《都市快轨交通》2008 年第 4 期。

② 陈靖：《浅析轨道交通业“以人为本”的旅客服务体系》，载《现代城市轨道交通》2009 年第 5 期。

③ 骆汉宾、聂规划：《城市轨道交通与房地产联合开发研究》，载《武汉理工大学学报（信息与管理工程版）》2006 年第 1 期。

④ 谢伟东、何雯：《公私合作模式融资在我国城市轨道交通项目中的实践》，载《城市轨道交通研究》2006 年第 3 期。

制，乘客按里程合理付费，克服短途乘客付费过高的缺陷。

比较典型的例子如北京地铁 4 号线的投融资与经营模式。2005 年 7 月，北京市基础设施投资有限公司与香港地铁公司北京首都创业集团有限公司达成协议，合作成立公私合营公司，特许经营 4 号线列车及机电设备的投资建设和 30 年运营，地铁 4 号线成为国内首个以 PPP 融资模式运作的城市轨道交通建设项目。4 号线建成后，特许公司根据与 4 号线公司签订的资产租赁协议，取得 A 部分资产的使用权。特许公司负责地铁 4 号线的运营管理、全部设施（包括 A、B 两部分）的维护和除洞体外的资产更新，以及站内的商业经营，通过地铁票款收入及站内商业经营收入回收投资。可以推算，地铁 4 号线在 30 年内实际吸引社会投资近 100 亿元。特许经营期结束后，特许公司将 B 部分项目设施完好、无偿地移交给市政府指定部门，将 A 部分项目设施归还给 4 号线公司。①

减少城市轨道交通建设对居民生活的影响，改善城市整体的交通生态环境，是城市轨道交通发展中的重要特征。一方面，在城市轨道交通建设的前期规划、方案研究阶段，就会对线路的铺设方式、工程建设诱发的环境问题及造成的线路周边的环境噪声开展预调研，并经过优化、比选设计，尽可能从设计源头降低工程建设对环境的影响。② 另一方面，城市轨道交通也在改善城市整体的交通生态环境，如替代道路交通，减少噪声及空气污染，节约汽油、柴油等能源，提升居民的出行收益与社会收益等。③

---

① 李沫萱、张佳仪：《北京地铁四号线的产权关系及其经营模式分析》，载《北京交通大学学报（社会科学版）》2010 年第 2 期。

② 王春宇：《环境保护在城市轨道交通工程前期建设中的应用》，载《科技信息》2010 年第 8 期。

③ 陈群、成虎：《城市轨道交通建设对城市环境的影响分析》，载《福建工程学院学报》2009 年第 3 期。

1978～2012年，我国城市轨道交通开始起步，经历了投资、建设、运营等多个环节的挑战，不断改进管理机制，大刀阔斧地改革，使城市轨道交通走向了人民大众。正如《北京地铁之歌》中唱的那样，“地上腾凤，地下舞龙。地铁员工把光荣传承，轨道延伸着我们的理想，快捷方便，让追求随列车，一路畅通。情达八方，名留人心。地铁员工把忠诚见证，车厢满载着平安的祝福，服务大众，让信念随车轮，日夜兼程”。

四、典型城市的城市轨道交通发展

城市轨道交通改变了城市发展的模式，加速了生产要素城市内部的流动速度，促进了城市经济的均衡，带动了城市每个角落的发展。从都市地铁的梦想到“以人为本”的深刻实践，城市轨道交通逐渐成为人们日常出行的重要交通方式，支撑了城市公共交通体系的建设架构。改革开放以来，北京、上海、广州陆续建设了城市轨道交通，无论是线路长度还是承载客运量，都逐渐走向世界前列，成为了全球化浪潮下中国速度的重要标志。

北京市的城市轨道交通系统于1971年开始试运营，1981年正式对外开放，在2007年之后进入了大发展时代。城市轨道交通线路从1978年的1条，增加到2012年的16条，运营车辆从1978年的116辆，增加到2012年的3685辆。如图3－7所示，1978～2012年，城市轨道交通线路长度从24公里增加到442公里，特别是2007～2012年，五年间新开通11条线路，线路长度增加了300公里。如图3－8所示，1978～2012年，城市轨道交通客运量从0.31亿人次增加到24.62亿人次，2007～2012年，五年间客运量增加了18.07亿人次，上升速度逐渐加快。

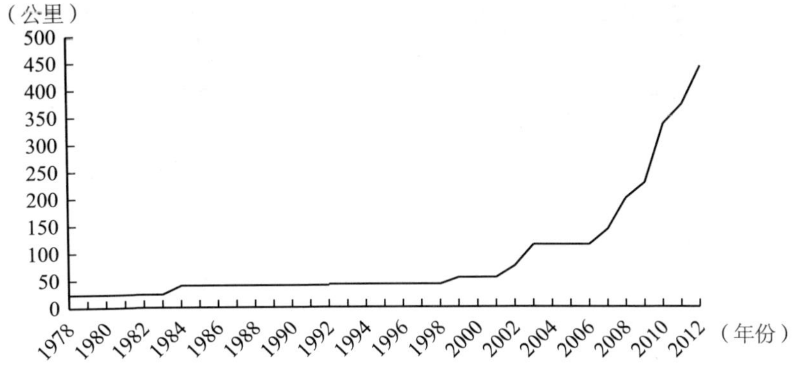

图 3－7　北京市城市轨道交通线路长度（1978～2012 年）

资料来源：《北京统计年鉴》（2020）。

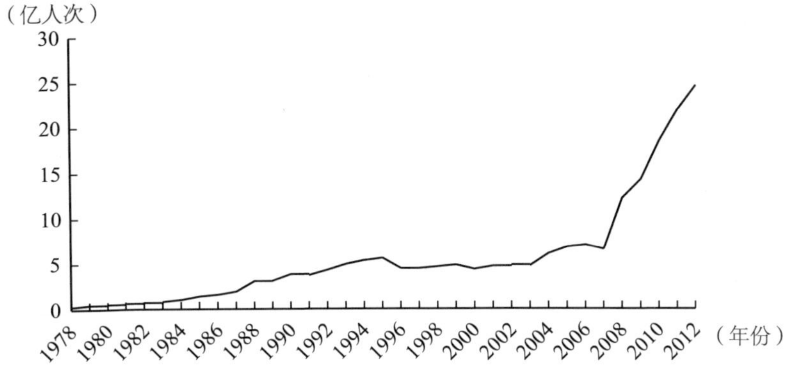

图 3－8　北京市城市轨道交通客运量（1978～2012 年）

资料来源：《北京统计年鉴》（2020）。

上海市的城市轨道交通系统于 1993 年开通观光试运营，在 21 世纪之后进入了客运量快速上升的时期，至 2012 年，上海城市轨道交通基本网络初步形成“功能性、枢纽型、网络化”的轨道交通格局。城市轨道交通线路从 1996 年的 1 条，增加到 2012 年的 13 条，运营车辆从 1996 年的 96 节，增加到 2012 年的 3130 节。如图 3－9 所示，1996～2012 年，城市轨道交通线路长度从 15.21 公里增加到 468.19 公里，特别是 2002～2012 年，十年间线路长度增加了405公里。如图3-10所示，1996~2012年，城市轨道交通客运量从0.89亿人次增加到22.76亿人次，2007~2012年，五年间客运量增加了14.62亿人次，呈现持续增长趋势。

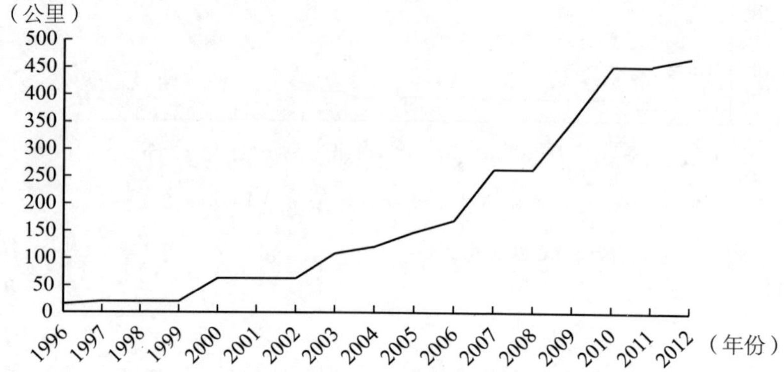

图3-9 上海市城市轨道交通线路长度（1996~2012年）

资料来源：《光辉七十载——上海历史统计资料汇编》（1949~2019）。

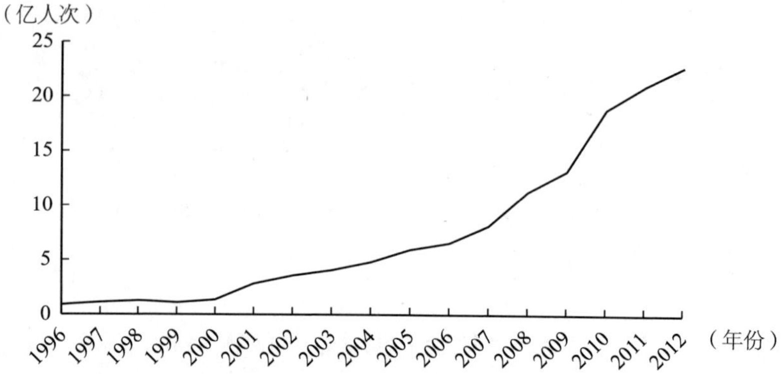

图3-10 上海市城市轨道交通客运量（1996~2012年）

资料来源：《光辉七十载——上海历史统计资料汇编》（1949~2019）。

广州市的城市轨道交通系统于1997年6月正式开通运营，在2008年之后进入了客运量快速上升的时期，至2012年，广州城市轨道交通基本网络初步形成，支撑了珠三角地区的交通一体化进程。城市轨道交通线路从

1998 年的 1 条，增加到 2012 年的 8 条，运营车辆从 1998 年的 84 辆，增加到 2012 年的 1310 辆。如图 3 - 11 所示，1998 ~ 2012 年，城市轨道交通线路长度从 18 公里增加到 236 公里，特别是 2005 ~ 2012 年，七年间线路长度增加了 201 公里。如图 3 - 12 所示，1998 ~ 2012 年，城市轨道交通客运量从 45 万人次增加到 18.56 亿人次，2005 ~ 2012 年，七年间客运量增加了 16.43 亿人次，呈现快速增长趋势。

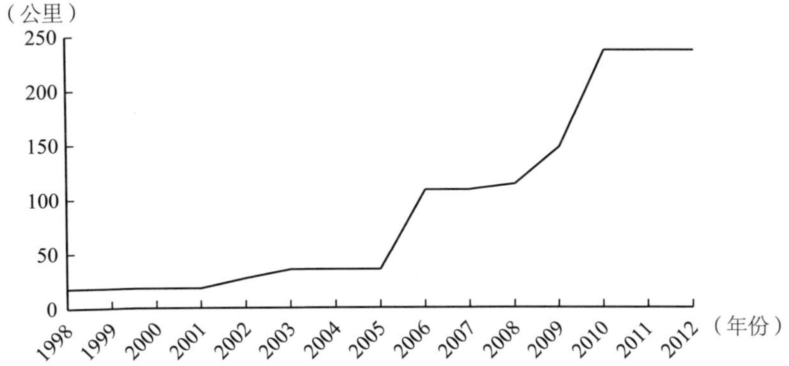

图 3 - 11　广州市城市轨道交通线路长度（1998 ~ 2012 年）

资料来源：广州市统计局网站。

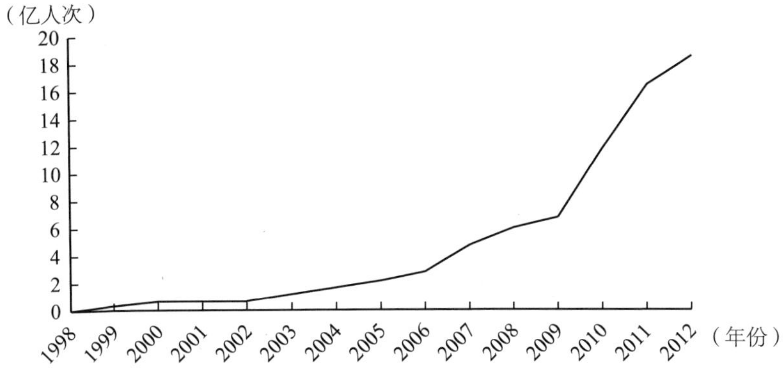

图 3 - 12　广州市城市轨道交通客运量（1998 ~ 2012 年）

资料来源：广州市统计局网站。

第三节　汽车出行与交通拥堵

进入21世纪，中国城镇化、机动化进程不断加快，汽车出行成为增长最快的出行方式。2000～2012年的13年间，中国城镇化率由36.2%提高至52.57%，年均增长约1.26个百分点，城镇人口由4.6亿人增至7.1亿人，净增2.5亿人；北京、上海、广州、成都、杭州、深圳等一批城市的机动车保有量先后超过百万量级，全国民用汽车保有量从1609万辆增至12089万辆，净增10480万辆。[①] 在这一大背景下，以交通拥堵为代表的城市交通问题开始成为困扰中国大城市的普遍难题。交通拥堵首先出现在几个特大城市——北京、上海、广州、成都等，并在短短几年间迅速蔓延至百万人口以上的大城市，甚至一些中小城市也出现了严重的交通拥堵问题，且愈演愈烈。[②] 毋庸置疑，快速增长的汽车出行与愈演愈烈的交通拥堵，正是21世纪城市交通改革与发展过程中面临的新挑战。

一、路宽了，车堵了

随着中国三十多年的城市化进程，城市建成区面积不断扩大，城市常住人口不断增加。自1978年至2012年，我国城市人均道路面积从2.93平方米/人，增加到了14.39平方米/人（见图3－13）。总体来看，

① 资料来源：国家统计局网站。

② 郭继孚、刘莹、余柳：《对中国大城市交通拥堵问题的认识》，载《城市交通》2011年第2期。

我国城市在不断完善道路基础设施，尽可能满足人们的出行需求。同时期，我国私人汽车拥有量从不足 30 万辆，增加到了近 9000 万辆，这意味着私人汽车增加到了改革开放初期的 300 倍（见图 3－14）。显然，道路的修建速度远远不及私人汽车的增长速度。在这种情况下，交通拥堵问题十分严重。

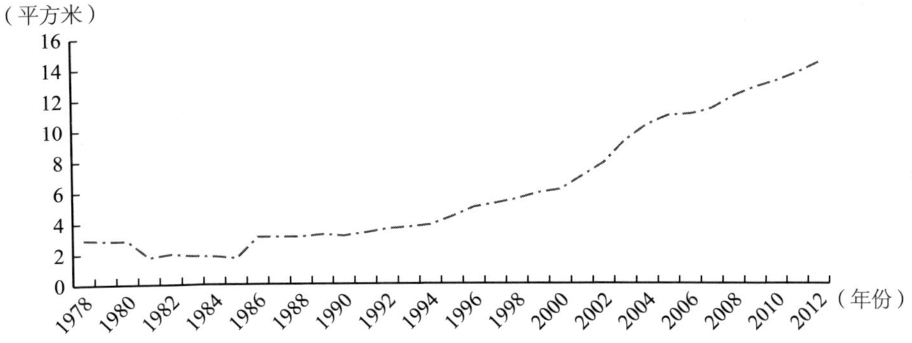

图 3－13　城市人均道路面积（1978～2012 年）

资料来源：《中国城市建设统计年鉴》（2018）。

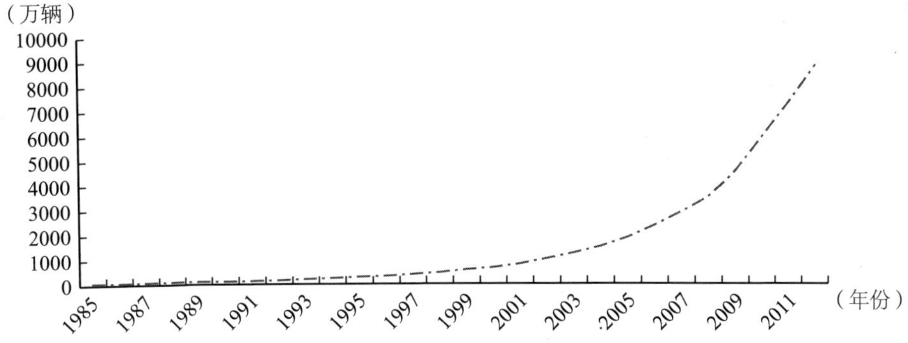

图 3－14　私人汽车拥有量（1985～2012 年）

资料来源：国家统计局网站。

汽车拥有量的不断上升在大城市中更为显著，特别是私人汽车占比不断上升。如图 3－15 所示，北京市民用汽车拥有量从 1979 年的 6. 88 万辆，增加至 2012 年的 493. 56 万辆；私人汽车拥有量从 1987 年的 0. 71 万辆，增加至 2012 年的 405. 55 万辆，占比从 3. 67% 增加至 82. 17%。如图 3－16 所示，上海市民用汽车拥有量从 1979 年的 5. 61 万辆，增加至 2012 年的 212. 66 万辆；私人汽车拥有量从 1987 年的 0. 4 万辆，增加至 2012 年的 141. 16 万辆，占比从 3. 28% 增加至 66. 38%。如图 3－17 所示，广州市民用汽车拥有量从 1978 年的 1. 53 万辆，增加至 2012 年的 204. 16 万辆；私人汽车拥有量从 1990 年的 0. 44 万辆，增加至 2012 年的 164. 69 万辆，占比从 4. 28% 增加至 80. 67%。由于私人汽车占比的不断增加，人们会更加倾向于汽车出行，而非选择公共交通出行，这使得城市道路十分拥堵，加剧了城市道路供需的矛盾。

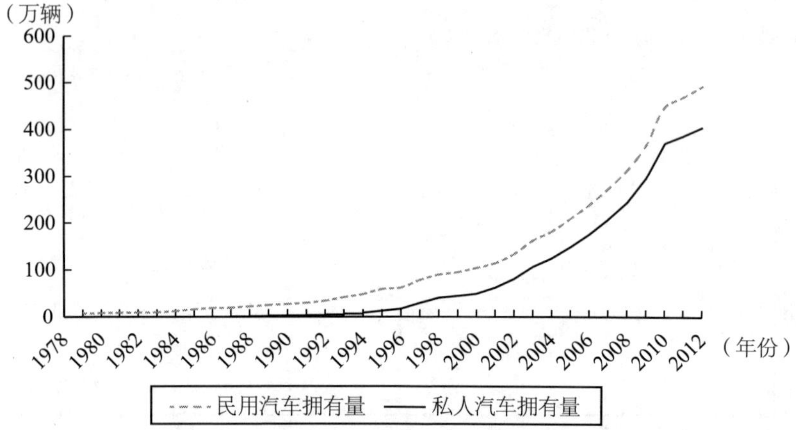

图 3－15　北京市汽车拥有量（1979～2012 年）

资料来源：国家统计局网站。

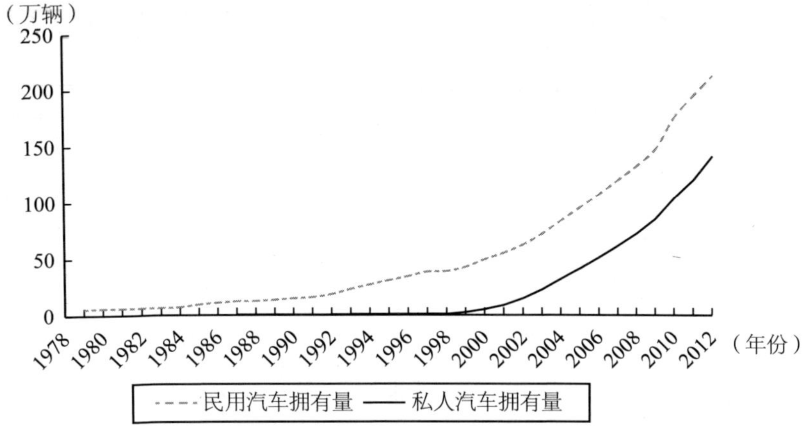

图 3－16　上海市汽车拥有量（1979～2012 年）

资料来源：国家统计局网站。

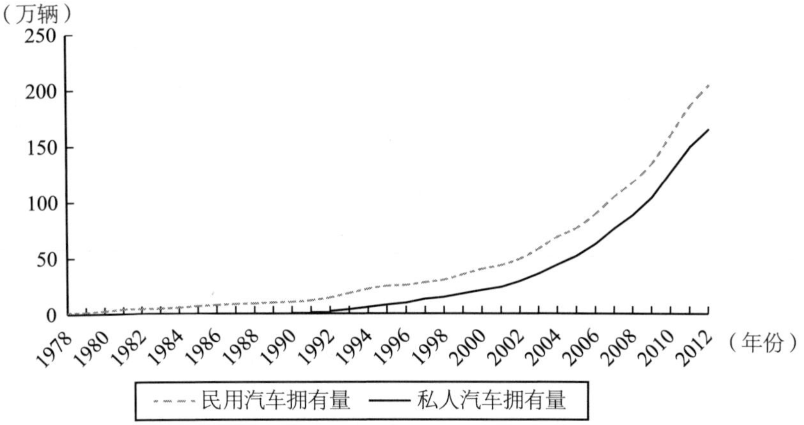

图 3－17　广州市汽车拥有量（1978～2012 年）

资料来源：作者根据广州市统计局网站、广东统计信息网、《广州公安交通管理五十年》数据整理而得。

《2013 年北京交通发展年报》显示，随着北京私人汽车拥有量的不断上升，交通拥堵问题十分严重，工作日拥堵时间达到 1 小时 30 分钟。2012 年北京工作日日均交通指数处于中度拥堵的共有 61 天，较 2011 年（40

天）增加了21天。工作日晚高峰交通指数处于中度拥堵的共有82天，较2011年（74天）增加8天；处于严重拥堵的共有24天，较2011年（22天）增加2天。2012年，全日拥堵持续时间（包括严重拥堵、中度拥堵）较2011年同期增加了20分钟，其中严重拥堵和中度拥堵持续时间分别增加了10分钟。

在交通运输经济学中，有人用当斯定律（Downs Law）来描述这种情况：当人均收入水平达到一定程度并不再成为（相当部分）家庭汽车消费的主要障碍时，必然会出现的一种交通需求和交通基础设施供给之间的竞赛，而在政府不进行管制的情况下，这种竞赛的结果必然是交通拥堵。另外一个知名的悖论是当斯－托马斯悖论（Downs－Thomson paradox）：私人汽车在道路网络上的平衡速度取决于人们使用公共交通方式从门到门的平均出行速度，采用增加道路通行能力来改善交通拥堵情况会更糟，因为改善路况会吸引更多的人放弃公共交通，运营商只好采取减少服务频率或提高收费的方式来收回成本，进一步导致公共交通乘客减少，造成公共交通走向没落；而使用私人汽车的人越来越多，又会导致交通拥堵的加剧，似乎还要再修建或扩建道路？继续在交通拥堵的困境中演绎悖论……

显然，改革开放推动了家庭收入的增加，使人们拥有了购置私人汽车的能力。当城市的私人汽车存量不断上升时，政府又会为满足人们开车出行的需求不断修建新的道路。但由于修建道路的速度远远不及汽车出行需求增加的速度，故而形成了道路增加与拥堵加剧的矛盾。同时，由于我国的城市公共交通发展并不十分完善，城市轨道交通起步较慢，因此在2008年前后，城市交通拥堵问题十分严重，成为了政府管理部门不得不解决的关键问题。美国《外交政策》在2010年8月24日盘点了世界五大交通最拥堵城市，分别为：中国北京、俄罗斯莫斯科、墨西哥首都墨西哥城、巴西圣保罗以及尼日利亚的拉各斯，北京的上榜原因就是京藏公路大堵车，堵车长龙超过100公里，状况还将持续。①

2010年，全国667个城市中，约有2/3的城市交通在“高峰”时段出现拥堵。在我国一些大城市市区，机动车平均时速已经下降到12公里，而在市中心，机动车时速更是只有8公里到10公里。② 一些专家指出，二、三线城市汽车市场还没发展起来就先堵上了，主要缘于他们走了一条和一线城市一样的老路：先发展汽车再修路。还有专家直指大中城市明显缺乏对小汽车的总量规划、使用控制。不仅没有上牌费，而且包括燃油税、停车费等在内的使用成本也很低，极大地刺激了小汽车的无节制使用。

城市交通拥堵的危害性很大，主要包括社会效率、资源、污染、健康四个方面。

第一，城市交通拥堵极大地降低了社会效率。城市交通拥堵会增加出行成本的消耗，可能会抑制除了上下班等基本出行之外的非必要型的出行，从而导致城市人口生活质量的下降。交通拥堵使交通延误增大，车辆行驶速度降低，运输效率下降，交通拥堵造成交通事故频发，而交通事故的发生又使交通拥堵加剧，形成恶性循环，造成严重的经济损失，从而极大地降低了社会效率。③

第二，城市交通拥堵会造成土地、能源等资源的大量消耗。由于城市交通拥堵，政府往往会采用拓宽道路的一般做法，特别是大城市，高密度的土地利用模式，道路空间资源更加稀缺。在大型城市中心城区，交通拥堵导致大量车流滞留在道路上不能前行，车辆不停地踩刹车、点油门，必然要消耗额外多的燃料。据调查，停车时3分钟的耗油量相当于平时1公

---

① 李金良：《世界五大交通最拥堵城市：北京排第一》，国际在线，2010年8月25日。

② 资料来源：公安部交管局。

③ 樊晓珂：《论交通拥堵及其对人们造成的心理危害》，载《前沿》2009年第12期。

里的耗油量，如果车辆车流的时间越长，耗油量将越多，这对于不可再生的石油来说，是一个非常大的浪费。汽车排放的大量尾气还会使城市中心城区的温度高于周边地区，导致人们降暑依靠空调、风扇。这就需要大量的电力来支持，使得电力不堪重负，几乎每年都创新纪录。①

第三，城市交通拥堵会加剧环境污染。交通拥堵对环境的污染，主要源于机动车辆在频繁的启动、起步过程中增加的有害气体的排放。在我国，机动车尾气已经逐渐成为了特大型城市空气污染的首要污染源，大城市 60% 的一氧化碳、50% 的氮氧化物、30% 的碳氢化合物污染主要来源于机动车的尾气排放，其中北京、上海、广州等特大型城市的一氧化碳和氮氧化物排放量已经约占城市排放总量的 80%，交通拥堵已成为城市环境污染的“罪魁祸首”。②

第四，城市交通拥堵危及人们的心理健康。交通拥堵会令人烦躁不安、情绪低落，严重影响人们的工作效率和身心健康。拥堵还会影响人的学习能力，人们在拥堵状态下的学习能力会降低。同时，拥堵会带来不安全感，抑制人的亲社会行为。感到拥堵的人往往回避他人，帮助他人的行为会减少。心理学家通过实验证明，相比拥堵环境，人们在非拥堵环境中表现出更多的亲社会行为。③

二、城市交通拥堵的本质

正是因为城市交通拥堵有诸多危害，因此如何准确认识城市交通拥

① 赵先立：《缓解大型城市交通拥堵的国际经验和我国的解决对策》，载《城市观察》2012 年第 3 期。

② 王飞跃、戴汝为、汤淑明、张嗣瀛、陈国良、杨东援、杨晓光、李平：《城市综合交通、物流、生态问题的基础研究方法》，载《交通运输系统工程与信息》2004 年第 3 期。

③ 樊晓珂：《论交通拥堵及其对人们造成的心理危害》，载《前沿》2009 年第 12 期。

堵，把握城市交通拥堵的本质非常关键。2006 年，“大城市交通拥堵瓶颈的基础科学问题研究”被国家科技部 973 计划立项，北京市成为该项目的实证研究对象。在项目开展过程中，除了要提出缓解拥堵的方案，更重要的便是对拥堵现象摸清看透，深刻理解交通拥堵的形成机理和复杂交通现象。

许多学者在这一时期开展了大量的社会调研，总体来说，拥堵成因主要包含四个方面。第一，快速推进城市化进程加剧了城市交通供需矛盾。随着我国大城市经济的快速发展，机动车拥有量迅速增加，交通供需矛盾日益突出，加剧了城市道路的拥堵程度。特别是大城市中心区小汽车无序发展、过度使用，使中心区的道路网经常处于超负荷状态，加剧了大城市交通拥堵的严重程度。第二，缺乏前瞻性的城市空间布局规划和城市道路规划。大城市交通拥堵问题的一个重要因素是城市规划者对于城市的功能定位缺乏一个系统、科学、前瞻性的考虑；二、三线城市道路交通拥堵，则因为城市化进程过快，在未形成相对完善的城市体系和道路建设的情况下，迅速增长的私家车队伍使这些城市过早地步入了“先堵后治”的老路。[1] 第三，公共交通发展滞后。我国早在 2005 年就确立了“优先发展公共交通”的政策，但在实践中公交优先发展战略没有得到全面落实。城市公共交通发展总体滞后的局面还没有得到根本转变，尚未确立公共交通在城市交通系统中的主体地位，轨道交通、BRT 等大容量、快速公共交通建设滞后，致使小汽车成为居民出行的主要方式，加剧了道路的拥堵。第四，静态交通容量不足。大城市机动车拥有量急剧增加，而停车资源供应不足、分布不均，导致中心城区的停车难问题日益显现出来。据国际经

① 刘治彦、岳晓燕、赵睿：《我国城市交通拥堵成因与治理对策》，载《城市发展研究》2011 年第 11 期。

验，停车泊位应达到机动车保有量的 1.1～1.2 倍，但许多城市远远不能达到此标准，使得大量车辆被迫停靠在公共道路上，使原本不足的道路面积更难以满足车辆流动的需要，降低了道路的通行能力，造成了交通拥堵。①

对于广大出行者来说，交通拥堵表现为时间的虚度、出行成本的增加以及一系列心理和生理感受。于是，人们偏好从道德层面进行谴责，将交通拥堵视为百弊丛生的社会问题。但实际上，正是因为繁荣催生了交通。文化和经济活跃的城市往往有十分严重的拥堵问题；相反，衰退或不景气的城市则没有太多的交通问题。或者说，拥堵是繁荣带来的不良后果和高度可达性的附属品，而非经济衰退和城市衰败的缘由。从城市资源利用的角度来看，交通拥堵是一种用（出行者）时间换（城市）空间的要素投入方式。②

加拿大经济学家威廉姆·S. 维克里（William S. Vickrey）将拥堵划分为简单交互（相互影响）、多重交互、瓶颈、触发颈、网络控制以及一般密度六种情况。当两个交通个体足够接近彼此时，必须进行延迟以减少碰撞的可能性，此时没有其他个体足够受到影响，就会发生简单交互。多重交互往往发生在交通密度较高、交通能力较低的情况下，此时人们预期平均速度是交通流量的函数。瓶颈是指一段相对较短的路段，较前或后路段的流量需求而言，其固定能力相对较小，因此只要交通流量仍然低于瓶颈的能力，就会有相对较少的延迟；当交通流量连续超过瓶颈能力相当长的时间时，将发生严重的延迟。当瓶颈后续队列干扰交通流（本身不打算通过瓶颈设施）时，就会出现触发颈。当交通流达到高峰时，需要应用额外

① 彭军、王江锋、王娜：《我国大城市交通拥堵成因及治理策略分析》，载《中国科技信息》2011 年第 16 期。

② 杭文：《城市交通拥堵缓解之路》，东南大学出版社 2019 年版。

的控制措施，比如规章、停车标志、路线限制、红绿灯、车流控制、飞行模式和规则或其他形式，此时就会产生网络控制拥堵。最后，可以认为，长期拥堵成本是一个特定区域内所有交通方式和所有线路上总交通流密度的函数，即一般密度拥堵。①

如果交通拥堵没有对社会资源转化（产出）或分配产生严重影响，那么城市中出行者的时间消耗，就如同城市运行的“隐含成本”，常常被忽视。但人们不能容忍长时间、大面积、常态性的交通拥堵，因为这会影响城市的正常运作和价值创造群体的出行。并且，由于拥堵会造成出行时间延长，会使土地价值发生变化，越靠近中心区域的土地价值越高，拥堵较严重的外围区域的土地价值越低。因此，政府往往需要采取缓解拥堵的措施，才能处理这两个问题。

三、缓解拥堵的实施方案

为了缓解交通拥堵问题，我国主要从供给管理和需求管理两个角度出发，通过平衡供需来实现道路运行通畅。从供给方面来看，包括两种思路：（1）增加新的道路资源，（2）改善已有道路运行效率；从需求方面来看，包括两种途径：（1）机动车保有量管理，（2）机动车使用量管理。②

供给管理从扩大道路运输能力角度出发解决交通拥堵问题。一方面，通过扩建城市交通主干道、次干道等途径来增加道路供给，分散车流、人流，缓解拥堵路段的交通压力。另一方面，通过加强交通运行管理来提高

---

① William S. Vickrey, Congestion Theory and Transport Investment, American Economic Review, 1969, 59 (2): 251-260.

② 艾文卫、宋顺锋、王家庭：《我国治理城市交通拥堵的引导性思维与差别化对策》，载《上海城市管理》2015 年第 5 期。

现有道路的通行能力和运行效率，具体方式包括：使用现代化智能交通系统进行自动管理，如电子收费系统、城市信号控制系统等、交通违法行为自动识别取证系统等；对车流较为密集的交通路口进行改建，如增加地下通道和过街天桥从而减少人、车共用道路资源的矛盾。

从供给出发治理交通问题可以在一定程度上缓解交通拥堵。但是，道路扩建需要政府投入巨额的建设资金并且周期较长，如果完全不采取限制需求的措施，那么机动车增长的速度肯定快于道路供给的增长，使得供给管理难以收到实效。并且，对于已经完成规划建设的城市，在现有道路基础设施上进行扩建、改造的空间并不大。即便能够顺利进行，根据交通运输经济学中的"当斯定律"，新的道路供给会诱发新的交通需求，高峰时期城市通勤路段的车流量总是会上升到它的最大容量。因此，在城市道路相对饱和后，较少有城市再采用供给管理策略缓解交通拥堵。

需求管理从减少出行需求出发缓解交通拥堵，是一种针对交通的需求源头进行控制的方法，核心是引导人们改变出行方式。一方面，加强机动车保有量的总量控制，防止交通状况持续地恶化，从车辆源头减少人们的购买；机动车使用量管理则是直接作用于交通拥堵问题，限制人们的日常出行方式选择，但这也同时导致车辆使用率不高的现象发生。

实践中主要通过车牌限购限制私家车数量，一般采用竞拍和无偿摇号两种方式分配定额汽车牌照。上海从 1994 年开始采用拍卖政策分配私车牌照，成为国内第一个出台限购令的城市，开创了竞拍限牌的先例；北京在 2010 年 12 月 23 日出台《北京市小客车数量调控暂行规定》，限定小客车年度增量总数，并首创摇号的方式无偿分配牌照指标。广州自 2012 年 8 月 1 日起试行中小客车年度总量调控管理，并采取"环保 + 摇号 + 竞价"的折中方式来分配增量指标，具体的配置比例为 1∶5∶4，即增量指标中的 10% 专供新能源车摇号、50% 用于普通车摇号、剩余的 40% 用于普通车竞拍。

另外，还有一系列措施，控制私家车与公务车的使用。例如，2007 年 8 月 17 日至 20 日，北京奥运测试赛期间，北京市首次实施了单双号限行；2009 年 4 月 11 日至 2010 年 4 月 10 日，按车牌尾号每周一日高峰时段停驶，停驶时间由 6 ~ 21 点调整为 7 ~ 20 点，停驶范围为五环路以内道路（不含五环路）。停驶的车牌尾号由一个月轮换一次改为每 13 周轮换一次。自 2014 年 11 月 3 日起，北京市、天津市，河北全省，以及山东的济南、淄博、东营、德州、聊城、滨州 6 个城市全部都实施了为期 10 天的单双号限行措施。2015 年 8 月 20 日至 9 月 3 日，为保障世界田径锦标赛、中国人民抗日战争暨世界反法西斯战争胜利 70 周年纪念活动，北京实行单双号限行，成为北京为争取“阅兵蓝”采取的系列措施中的一项。其他城市也都推出类似的限行政策，例如上海、深圳和广州都针对悬挂外地牌照的小客车或载货汽车所允许行驶的路线、区域和时间段进行限定。

国际上大多城市采取拥堵收费的方法，例如东京在市区内征收高昂的停车费，伦敦和新加坡在市中心或 CBD 商业区收取高额的全天候拥堵费。我国少数城市也借鉴了停车收费这一方式，北京从 2011 年开始上调停车费，中心城区起步价从 2 元每小时上升至 10 元每小时。但是停车费上涨也存在两个问题：一方面使车辆乱停现象增多，同时采用片区监督员记录乱停车现象，这也增加了执法成本；另一方面治堵效果并不十分明显，关键问题是即便 10 元也仍然不算贵（且有些单位可以报销），除非各个停车场严格执行统一的高额收费标准并改变现有的财务报销范围，否则提高停车费并不能真正起到减少私家车出行频次以缓解拥堵问题的目的。近年来，北京、上海等多个城市已经开始研究征收拥堵费，但由于增加了人们的出行成本，且没有进行准确的可行性论证，因此仍然处于讨论阶段。

虽然私家车是造成交通拥堵的主要原因，但公务车对交通拥堵同样负有责任，因此一些城市也在控制或消减公务车数量。例如，北京2010年底出台治堵新政，明确规定“十二五”期间全市各级党政机关、全额拨款事业单位不再增加公务用车指标。即便如此，仍有群众认为这也只是北京市公车改革的最低标准，公务车总体上是过量的，应该进一步削减。

无论是供给管理，还是需求管理，其最终目的都是引导公众对于交通资源的理性使用，将交通压力科学合理的分散到各种交通工具上。而有效实施上述方案的基础是，居民收入水平的不断提高和日益完善的城市交通外延体系，只有不断提高城市交通的服务质量、运营能力和网络布局，才能真正减少人们对于私家车、公务车等低承载量交通工具的依赖和需求，实现交通系统的有序运行，从而根本上缓解城市交通拥堵问题。①

① 赵蕾：《城市交通拥堵治理：政策比较与借鉴》，载《中国行政管理》2013年第5期。

第四章

创新驱动引领新时代城市交通发展
（2012 年至今）

党的十八大以来，交通运输行业以提高人民群众满意度为核心，以解决与人民群众关系最密切、要求最迫切的服务问题为着力点，抓住提升服务水平的关键环节，积极推进理念创新和手段创新，努力构建安全可靠、便捷畅通、经济高效和绿色低碳的交通运输服务体系，使人民群众切身享受到交通运输改革发展成果。党的十八大报告中指出，要促进区域协调发展、促进基本公共服务均等化，这都跟交通运输业紧密相关，推动着交通运输服务质量和水平的提升。习近平总书记多次对交通运输工作作出重要论述。他指出，“交通基础设施建设具有很强的先导作用”，“要想富，先修路，不过时”。“‘十三五’是交通运输基础设施发展、服务水平提高和转型发展的黄金时期”。“先行官”“黄金时期”“交通强国”，无一不诠释着中央及国家层面对交通运输工作的关心和重视。

党的十九大报告中，首次明确提出要建设“交通强国”，意味着我们将在新时代开启建设交通强国新征程，这是党和人民赋予交通运输行业的新使命。2019 年 9 月 14 日，党中央、国务院印发《交通强国建设纲要》(以下简称《纲要》)，掀开了新时代交通运输发展的新篇章。《纲要》明确了建设“人民满意、保障有力、世界前列”的交通强国总目标，两个阶段性目标，“三张交通网”和“两个交通圈”的具体目标。第一阶段，从 2020 年到 2035 年，基本建成交通强国。现代化综合交通运输体系基本形成，人民满意度明显提高，支撑国家现代化建设能力显著增强，交通国际竞争力和影响力显著提升。第二阶段，2036 ~ 2050 年，全面建成交通强国。基础设施的规模质量，技术装备、科技创新能力、智能化与绿色化的水平位于世界前列，交通安全水平、治理能力、文明程度、国际竞争力及影响力达到国际先进水平，全面服务和保障社会主义现代化强国建设、人民享有美好的交通服务。“三张交通网”即发达的快速网、完善的干线网、广泛的基础网；“两个交通圈”即“全国 123 出行交通圈”（都市区 1 小时通勤、城市群2小时通达、全国主要城市3小时覆盖）和“全球123快货物流圈”（国内1天送达、周边国家2天送达、全球主要城市3天送达）。

2012年至今，在党的领导下，我国的城市交通已经迈入了一个新的阶段，呈现出更加“立体生长，创新多元”的特征。党的十八大以来，城市轨道交通快速扩张，公共汽电车更加绿色，并涌现了一批与信息技术、数字技术结合的城市交通新业态，同时，政府也在不断推动着城市交通治理模式的创新。随着改革开放的深化，城市交通不断在完成转型升级，与我国日新月异的经济相互映照。

第一节 快速扩张的城市轨道交通

党的十八大以来，我国城市轨道交通建设进程加快。截至2020年12月31日，全国（不含港澳台）共44个城市开通了城市轨道交通线路233条，运营里程7545.5公里，车站4660座。[①] 其中，上海、北京、成都城市轨道交通里程列前三位，分别为834.2千米、799.4千米、652.0千米。[②] 随着经济发展转向城市群、都市圈，以“四网融合”为基础的轨道交通发展趋势推进，市域“郊”铁路和城际铁路开始为都市圈和城市群的经济活动服务，逐步开始融入城市。总体来说，这一阶段城市轨道交通的快速扩张，为交通强国建设奠定了良好的基础。

---

① 资料来源：中华人民共和国交通运输部网站。

② 资料来源：中国城市轨道交通协会网站。

一、五大动力推动网络化

随着城市人口的增加，新增亿辆汽车上路，我国公交优先战略进一步推进，大城市继续扩充城市轨道交通，二、三线城市申请城市轨道交通建设，在这五大动力共同的作用下，城市轨道交通呈现了更大规模的发展。[①]

城市规模的进一步扩大是第一大动力。党的十八大以来，我们党明确提出实施以人的城镇化为核心、以提高城镇化质量为导向的新型城镇化战略，我国新型城镇化建设取得了重大历史性成就，农业转移人口加快融入城市，常住人口城镇化率和户籍人口城镇化率分别超过60%、45%，1亿农业转移人口和其他常住人口在城镇落户目标顺利实现。如今，中国19个城市群土地面积合计约236万平方公里，占了全国的24.5%，常住人口占比约为78.5%，GDP占比约为85%，“19+2”城市群格局基本确立，城市面貌焕然一新。[②] 随着户籍制度的放开，城市人口不断增加，这进一步催生了城市交通出行需求。由于城市交通拥堵问题，我国不断加强城市轨道交通建设，城市轨道交通进一步加强网络化进程。

新增上亿辆汽车上路是第二大动力。截至2020年底，全国私人汽车保有量达到2.44亿辆，较2012年增加1.55亿辆。[③] 随着我国汽车产业规模不断壮大，汽车产销量已经连续11年稳居世界首位。40余座城市的社会汽车拥有量超过100万辆，12座城市超过200万辆，与之相伴的则是交通状况的持续恶化。然而，我国的千人汽车保有量快速增长到180多辆，达

---

① 包叙定：《“十三五”城轨交通发展形势及未来发展趋势分析》，载《都市快轨交通》2018年第1期。

② 资料来源：中华人民共和国国家发展和改革委员会网站。

③ 资料来源：国家统计局网站。

到全球平均水平。而当下发达国家千人汽车保有量总体在500～800辆的水平，不过随着国内民众收入的不断提高，中国千人汽车保有量还有较大的增长空间。中高端乘用车市场份额不断扩大，SUV销量占比达到43.7%，比上年高出1.5个百分点。另外，新能源车销量超过了120万辆，占全球销量50%以上。同时，不少地方政府也都出台了相应的促进汽车消费政策，并给出了一系列如购车补贴、增加车牌配置资源等利好政策，为释放消费者购车需求创造条件。从我国汽车产业发展的历程来看，目前我国汽车产业已经走过了快速发展的阶段，进入由数量扩张向质量提升的转型时期，但产业长期稳定向好的发展态势没有改变，未来市场空间依然非常广阔。一方面，随着汽车保有量的不断增加，每年新车消费量就有可能从现在的1000万辆左右逐步增加到2000万辆以上；另一方面，我国三线以及三线以下城市汽车消费潜力比较大，这成为了汽车消费新的增长动力。这同样也意味着拥堵问题会不断加重，相应的替代方式中，城市轨道交通无疑是一个主体替代方式。

我国公交优先战略进一步推进是第三大动力。2012年末，国务院印发了《关于城市优先发展公共交通的指导意见》，进一步确立了城市公共交通优先发展战略，并提出了一系列优先发展公共交通的重大政策措施，指出有条件的特大城市、大城市有序推进轨道交通系统建设。《国家新型城镇化规划2014—2020》提出，到2020年，大城市公共交通出行占机动化出行比例要达到60%以上。参考发达国家的城市轨道交通分担率普遍为50%以上（东京、纽约则高达80%以上），这意味着我国在大幅提高公交出行比的过程中必然更加重视城市轨道交通的建设。因此，公交优先战略有力推动了城市轨道交通的发展。

大城市继续扩充城市轨道交通是第四大动力。“十三五”期间，40个在建城市轨道交通的城市都制定了发展规划，其中北京、上海、广州和深圳这 4 座已成网的城市，就规划 5 年完成城市轨道投资 6950 亿元，新建线路 982 千米。天津、重庆、宁波、武汉、成都等一批在“十三五”形成网络的城市，也正以大幅超过以往的速度建设城轨交通，这些在建城市都安排了进入规模化的工作计划。总之，在建城市都在迈开大步加速发展。

二、三线城市申请城市轨道交通建设是第五大动力。除在建城市外，还有 80 多座城市开展了城轨交通规划、勘测、设计、咨询等前期工作，大多有望开始建设。党的十八大以来，全国有 100 多座城市规划了“十三五”城轨交通工程的建设，这形成百城百市同时发展城轨交通的新局面。“百城同谋，千里跨越”，城市轨道交通呈现爆发式增长态势。2020 年，中国（除香港、澳门、台湾）新开通城市轨道交通线路 1241. 99 千米，新增运营线路 36 条，新开通延伸段 20 段，涉及 25 座城市。三亚、天水和太原跻身成为拥有城市轨道交通的城市。上海、北京的线路规模遥遥领先，而里程超过 200 千米的城市多分布在长江沿岸和珠三角地区。同时，建设城轨交通城市之多、规模之大、运营线路增长之快，世界少有。

一般来说，当一个城市城轨交通多线相交运营里程达到一定规模基本覆盖城市中心区域时，将进入网络化并产生网络效应。北京、上海、广州三地网络效应现在已经十分明显，做到了全网统筹规划布局，多线同期建设、网络化运营组织和网络资源共享、城轨交通建设与城市发展互动、多种公交一体化发展等；深圳、南京、重庆、天津等城市的网络效应也愈加显现。而随着网络化规划布局、点线面统筹安排、不同制式科学配置、多种资源共享、多线同期建设、网络化运营组织、城轨建设与市场发展互动等一系列网络因素的纷纷显现，网络化将带动我国城市轨道交通进入新时代①。

---

① 《我国城市轨道交通进入网络时代》，中国工业新闻网，2014 年 11 月 20 日。

二、三管齐下催生新格局

目前国内城市已开通运营的城市轨道交通制式，根据城市公共交通分类标准划分为地铁、轻轨、单轨、市域快轨、现代有轨电车、磁悬浮交通、APM 共 7 种。随着大城市落户条件的松绑、城市群都市圈的发展、国家级新区的建设，城市轨道交通多制式协调发展创造了巨大需求，形成了新的城市轨道交通格局。

第一，大城市落户条件松绑。《国家新型城镇化规划》提出，“合理放开城区人口 100 万～300 万的大城市落户限制，合理确定城区人口 300 万～500 万的大城市落户条件”。2019 年 4 月 8 日，国家发展改革委发布了《2019 年新型城镇化建设重点任务》的通知指出，要继续加大户籍制度改革力度，在此前城区常住人口 100 万以下的中小城市和小城镇已陆续取消落户限制的基础上，城区常住人口 100 万～300 万的Ⅱ型大城市要全面取消落户限制；城区常住人口 300 万～500 万的Ⅰ型大城市要全面放开放宽落户条件，并全面取消重点群体落户限制。通知指出，要强化交通运输网络支撑。综合考虑人口规模结构和流动变化趋势，构建有前瞻性的综合交通运输网络。在城市群和都市圈构建以轨道交通、高速公路为骨架的多层次快速交通网，推进干线铁路、城际铁路、市域（郊）铁路、城市轨道交通融合发展，促进公路与城市道路有效衔接，更好地服务于城市间产业专业化分工协作。

这一系列重大政策的出台，进一步增加了大城市的劳动力吸引力，客观上提升了公共交通的需求，对城市基础建设和城市轨道交通发展产生了深远影响。由于一些城市（特别是Ⅱ型大城市），具有客流量未过高且支付能力有限的特征，建设造价相对较低的轻轨、有轨电车等中低运量的城市轨道交通方式也存在较强的发展需求。

第二，城市群与都市圈的发展。城市群、都市圈是人口与经济的密集之地。从城市群补短板、锻长板的角度看，现实的目标是支撑城市群、都市圈发挥功能，长远的目标是要引领城市群、都市圈更好更快发展，因此要瞄准现代化强国的远景目标来谋划。按照这样的标准来看，在基础设施、公共服务、生态环境、产业发展等方面，城市群和都市圈都有城轨交通投资机会。党的十八大报告指出：科学规划城市群规模和布局，增强中小城市和小城镇产业发展、公共服务、吸纳就业、人口集聚功能。中央城镇化工作会议要求：要优化布局，根据资源环境承载能力构建科学合理的城镇化宏观布局，把城市作为主体形态，促进大中小城市和小城镇合理分工、功能互补、协同发展。中央《关于制定"十三五"规划建议》要求："发挥城市群辐射带动作用，优化发展京津冀、长三角、珠三角三大城市群，形成东北地区、中原地区、长江中游、成渝地区、关中平原等城市群"，提出要"发展一批中心城市，强化区域服务功能。"党的十九大报告指出，以城市群为主体构建大中小城市和小城镇协调发展的城镇格局。2019 年，《国家发展改革委关于培育发展现代化都市圈的指导意见》出台，指出要"打造轨道上的都市圈"。统筹考虑都市圈轨道交通网络布局，构建以轨道交通为骨干的通勤圈。在有条件地区编制都市圈轨道交通规划，推动干线铁路、城际铁路、市域（郊）铁路、城市轨道交通"四网融合"。探索都市圈中心城市轨道交通适当向周边城市（镇）延伸。大力发展都市圈市域（郊）铁路，通过既有铁路补强、局部线路改扩建、站房站台改造等方式，优先利用既有资源开行市域（郊）列车；有序新建市域（郊）铁路，将市域（郊）铁路运营纳入城市公共交通系统。探索都市圈轨道交通运营管理"一张网"，推动中心城市、周边城市（镇）、新城新区等轨道交通有效衔接，加快实现便捷换乘，更好地适应通勤需求。《交通强国建设纲要》进一步指出，到2035年，现代化综合交通体系基本形成，人民满意度明显提高，支撑国家现代化建设能力显著增强；拥有发达的快速网、完善的干线网、广泛的基础网，城乡区域交通协调发展达到新高度，基本形成“全国123出行交通圈”（都市区1小时通勤、城市群2小时通达、全国主要城市3小时覆盖）。

在这些政策的助推下，“交通强国”长期不断发力的背景下，我国轨交建设领域的扩张与发展也将在未来15～30年持续呈现，未来连接城市群、都市圈的轨道交通发展空间巨大。在我国规划都市区、都市圈时，在1小时通勤的角度发力更为显著，如城市轨道交通（含地铁、市域等），而城市群发展侧重于带动联通作用、承担枢纽责任，同样离不开城市轨道交通的连接。

第三，国家级新区的建设。国务院批准设立的国家级新区，自上海浦东、天津滨海、重庆两江后，“十二五”期间发展明显加快，5年批复13个，至2020年已设立19个国家级新区，遍布中东西部和东北地区，按GDP总量来分的话，排在前四位的分别是天津滨海新区、上海浦东新区、山东青岛西海岸新区和辽宁大连金普新区。国家级新区作为促进社会经济发展的主战场，作为高端、高新产业发展的重要承载地，近年来在产业培育发展方面取得了显著成效，成为带动地区经济高质量发展的重要引擎。国家发改委等部委《关于促进国家级新区健康发展的指导意见》要求“将新区打造成为全方位扩大对外开放的重要窗口、创新体制机制的重要平台、辐射带动区域发展的重要增长极、产城融合发展的重要示范区”。2020年1月，国务院办公厅发布了《国务院办公厅关于支持国家级新区深化改革创新加快推动高质量发展的指导意见》，指出要“探索高品质城市治理方式”。深入推进智慧城市建设，提升城市精细化管理水平。优化主城区与新区功能布局，推动新区有序承接主城区部分功能。提高新区基础设施和公共服务设施建设水平，把宜居、绿色、便利等理念体现到规划建设的各个细节，创造体现品质和文化底蕴的生产生活环境。

高水平国家级新区的建设，要求高水准的区内交通与之相适应，不少新区已将城市轨道交通扩张作为发展目标，如长春新区将打造快捷城际交通体系和新区内部路网体系。鉴于国家级新区一般幅员面积较大，从几百平方千米到两千多平方千米，区内又布局了若干个不同的功能片区，因而对区内交通有其特定的需求，这使得有轨电车、市域（郊）铁路也成为国家级新区建设的规划范围。

从近年来陆续出台的各省市规划看，地铁在大城市中将进一步扩张，市域（郊）快轨、中型单轨、有轨电车等正逐步成为二、三线城市和城市群及特大城市特色区域的主要城市轨道交通制式。随着大城市的户籍松绑、城市群都市圈的发展、国家级新区的建设，将为城市轨道交通特别是市域快轨、有轨电车、轻轨、单轨、中低速磁浮等中低运量制式将会加速发展，迎来崭新的发展机会。①

三、“一带一路”引领走出去

党的十八大以来，党中央从中国自身治理成功经验和全球化的现状出发，从中华文明的深厚积淀中，为未来世界经济发展模式和如何解决全球化及全球治理难题，提出了一系列中国思想和中国特色方案。从历史维度看，人类社会正处在一个大发展大变革大调整的时代。顺应世界潮流的

① 包叙定：《“十三五”城轨交通发展形势及未来发展趋势分析》，载《都市快轨交通》2018 年第 1 期。

“和平合作、开放包容、互学互鉴、互利共赢”的丝路精神及在全球范围推动的包容、联动的发展模式与中国经济成功的发展经验，为全球提供了有效的“世界公共产品”。2013 年，习近平总书记提出共建“丝绸之路经济带”和“21 世纪海上丝绸之路”的重大战略决策。2015 年，国务院《关于推进国际产能和装备制造合作的指导意见》加快了铁路“走出去”步伐，拓展轨道交通装备国际市场，以推动和实施周边铁路互联互通、非洲铁路重点区域网络建设及高速铁路项目为重点，发挥我国在铁路设计、施工、装备供应、运营维护及融资等方面的综合优势；积极开发和实施城市轨道交通项目，扩大城市轨道交通车辆国际合作，在有条件的重点国家建立装配、维修基地和研发中心；加快轨道交通装备企业整合，提升骨干企业国际经营能力和综合实力。

《交通强国建设纲要》进一步指出，要构建互联互通、面向全球的交通网络。以丝绸之路经济带六大国际经济合作走廊为主体，推进与周边国家铁路、公路、航道、油气管道等基础设施互联互通。加大对外开放力度，吸引外资进入交通领域，全面落实准入前国民待遇加负面清单管理制度。鼓励国内交通企业积极参与“一带一路”沿线交通基础设施建设和国际运输市场合作，打造世界一流交通企业。深化交通国际合作，提升国际合作深度与广度，形成国家、社会、企业多层次合作渠道。拓展国际合作平台，积极打造交通新平台，吸引重要交通国际组织来华落驻，积极推动全球交通治理体系建设与变革，促进交通运输政策、规则、制度、技术、标准“引进来”和“走出去”，积极参与交通国际组织事务框架下规则、标准制定修订。近 15 年中国轨道交通产业的大规模发展模式和经验，完全可以为全球不同发展阶段的国家提供一个城市发展的“有效的公共产品”；同时，在这种“一带一路”走出去、资源全球配置的大环境下，我国的可持续发展、新技术更新升级以及与行业国际市场接轨的问题也逐渐凸显。①

在我国加快实施"一带一路"倡议背景下，瞄准潜在建设需求，推动城市轨道交通"走出去"，打造我国产业"走出去"领域的新名片，对于构建全方位开放新格局、服务于"一带一路"周边建设、共建全球化经济命运共同体具有重要意义。城市轨道交通系统已被证明是有利于大型城市可持续发展的重要交通基础设施，把握国际市场对于城轨建设的巨大需求，立足于"一带一路"建设的优先领域，推进城市轨道交通"走出去"，有助于成为基础设施联通的先导部分，为实现"五通"（政策沟通、设施联通、贸易畅通、资金融通、民心相通）创造良好的基础条件；有利于通过技术换资源的方式，提升我国资源能源的多元稳定水平；有利于发挥城轨相对规模小、所需资金少的优势，与高铁产业形成高低端搭配的轨道交通双品牌联动"走出去"格局；有利于拓展人民币结算的国际空间，助力人民币国际化。②

我国城市轨道交通与国外同行相比有优势也有劣势。独特优势，一是"一带一路"倡议的实施，国家政策支持力度越来越大；二是产业链较为齐全，且一批龙头企业及其配套的企业梯队形成了产业集群化发展的格局；三是国内巨大发展需求，成为走向国际的强大推动力；四是具有性价比优势，特别是国内市场的综合性价比优势依然明显。比较劣势，一是企业综合实力相对较弱，核心竞争力和创新水平存在先天不足；二是部分核心技术，尚有差距；三是标准化工作落后，标准体系不完善；四是品牌建设能力不足，知名度不高。与高铁相比有长处有短板。长处在于：一是市

① 姜波：《"一带一路"全球化大潮下中国城市轨道交通产业发展再思考》，载《都市快轨交通》2018 年第 1 期。

② 耿彦斌：《我国城市轨道交通"走出去"的战略思考》，载《都市快轨交通》2016 年第 4 期。

场更加活跃，竞争力更强；二是自主化程度更高，不易发生知识产权纠纷。短板在于：一是综合管理缺失，统筹协调功能差；二是行业分散，凝聚力弱，恶性竞争严重。总体上说，优劣长短，各有所据，只要从政府到行业到企业齐心协力，扬其长，补其短，城轨比肩高铁，将成为国际轨道交通市场的两大拳头产品。①

随着“一带一路”政策在全球范围内不断实施，给国内众多产业走出去提供了不少机会，也给国际化的技术型人才提供了新的需求。由于国际合作，在政策贯彻落实过程中参与的国家会越来越多，参与的城市之间也会有越来越多的交流，国际化的人才需求量也会增加。随着城市的发展，不同类型的城市轨道交通也会逐步规划与建设，需要相应的学校培养出适应不同地域的国际化的轨道交通人才。面对快速发展的城市轨道交通，行业需求的各类人才也大量增加，相关人才在国际化战略中也起到越来越重要的作用。国际化轨道交通人才的要求更高，综合素质要求也更高，也更加需要综合交流能力、商务谈判能力。②

党的十八大以来，“一带一路”是中国在全球化进程中的重要国际战略布局，能够在后金融危机时代，将中国的产能优势、技术、资金优势、经验与模式优势转化为市场与合作优势，实行全方位开放的一大创新。在“一带一路”倡议带动下，我国城市轨道交通大步走向世界，成为交通强国建设的一大亮点。我国城市轨道交通不断刷新对外成绩，以色列特拉维夫轻轨项目、拉合尔轨道交通橙线项目、阿斯塔纳轻轨项目、河内吉灵—河东线城铁项目、马来西亚动车组项目、美国波士顿地铁项目……越来越

---

① 包叙定：《“十三五”城轨交通发展形势及未来发展趋势分析》，载《都市快轨交通》2018 年第 1 期。

② 胡万欣、孔德龙：《国际化视野下对接行业需求的城市轨道交通人才培养研究》，载《内江科技》2019 年第 9 期。

多的城市轨道交通项目在海外落地，中国轨道交通出口从参与建设到建设运营、从配件出口到整车出口、从中低端产品到高端产品、从欠发达市场到发达市场，终于登上世界顶级市场，成为穿行在世界各地的“中国符号”。

第二节　更加绿色的公共汽电车

伴随着城市化率的不断提升，国家通过指导性文件积极推动城市公共交通事业的发展，明确公交优先发展战略，截至2019年，全国城市拥有公共汽电车数量为69.33万辆，其中BRT车辆数量9502辆。城市化水平持续上升刺激公交市场需求，我国公共汽电车运营线路数量及长度均呈现快速上升趋势，2019年全国拥有公共汽电车运营线路数量为65730条；拥有公共汽电车运营线路总长度为133.6万公里，其中，拥有公交专用车道14951.7公里，BRT线路长度为6149.8公里。受轨道交通快速发展带来的影响，居民出行方式日趋多样化，公交车的客运量呈现小幅下滑趋势，2019年全国公共汽电车完成客运量691.76亿人次，同公交车整体客运量变化趋势相反，BRT客运量与2013年相比增加了6.51亿人次。我国公交车电动化覆盖率逐步提升，从车辆燃料类型分布来看，2019年我国纯电动公交车占比46.8%，比2016年提升了35.3个百分点，燃油车和天然气车占比分别为17.4%、21.5%，与2016年相比分别下降19.8、9.0个百分点。[①] 总体来说，我国公共汽电车发展更加绿色，电动化带来了更强的增长空间。

---

① 资料来源：交通运输部网站

一、电动化是大势所趋

大力发展城市公共交通系统，可以在一定程度上缓解城市交通拥堵现状；另外，从城市规划、环境保护、节约能源和交通安全角度来看，也同样符合实际的城市发展和交通发展的正确战略思路。近年来，随着我国城市规模的持续扩张以及城市道路条件的不断升级，我国公共汽电车数量呈现出逐年增长趋势，未来仍有巨大增长空间。2012 年中国政府明确了“以纯电动驱动”为主的新能源汽车路线，过去混合动力的公交车的方案被否定，提出了“插电式（增程式）混合动力、纯电动、燃料电池”的技术路线，于是公交车整车企业在尝试了“插电式（增程式）混合动力”不久，很快直接采取了“纯电动”方案。工信部在 2019 年底开始对《新能源汽车产业发展规划（2021—2035 年）》公开征求意见。中国计划力争经过十五年持续努力，在新能源汽车关键核心技术取得重大突破，纯电动乘用车成为主流。2021 年起，国家生态文明试验区、大气污染防治重点区域公共领域新增或更新用车全部使用新能源汽车，为此要加快新能源汽车在分时租赁、城市公交、出租汽车、场地用车等领域的应用，实现公共领域用车全面电动化。《交通强国建设纲要》进一步指出，优化交通能源结构，推进新能源、清洁能源应用，促进公路货运节能减排，推动城市公共交通工具和城市物流配送车辆全部实现电动化、新能源化和清洁化。打好柴油货车污染治理攻坚战，统筹油、路、车治理，有效防治公路运输大气污染。

国家积极推动公共领域车辆电动化发展，对新能源城市公交车提出了明确的目标和要求，主要体现在两个方面：一是推广范围逐步扩大，由 2015 年公交都市、京津冀地区到 2018 年扩大到大气污染防治重点区域，到 2020 年增加了国家生态文明试验区，积极推进有条件、有任务的地区优先使用新能源公交车；二是电动化比例逐步提高，新增及更新比例由30%左右提高到80%甚至全面电动化。公共领域用车具有使用频率高的特点，且燃油消耗和污染排放总量在全部机动车中占比较大，推动公共领域用车率先实现电动化是减少温室气体排放、实现产业绿色发展的重要举措。然而，公交汽车电动化存在的问题很多，遇到的困难也并非能以弯道超车方式加以解决。发展纯电动和纯电动驱动方式的插电增程式，是技术的主流和发展方向。评价新能源汽车的准则是，既要逐渐提高用电力替代石油的比例，又要充分兼顾安全、可靠、节能、环保水平的有效提高。①

例如，2018年，北京公交集团完成了柴油和CNG共3910辆老旧公交车的退出运营。② 北京公交作为全球环境基金/联合国开发计划署（GEF/UNDP）促进中国燃料电池汽车商业化发展项目的试运行单位，于2018年10月15日在384路投运5辆氢燃料公交车。氢燃料公交车不但具备加氢快、容量大、零排放、无污染的特点，还在长距离、重载等方面具备超过电动汽车的优越性。同时，氢燃料公交车以可靠的安全性能、较高的续驶里程、舒适的乘坐感受，获得司乘人员和乘客广泛好评。

需要指出的是，公共汽电车的电动化存在诸多难点。第一，动力电池的比能量还是较低，电池续航存在问题，无法与混动力公交或柴油公交相比。要达到公交公司对动力性满意度要求，12米车的电池容量装载重量至少要到达3.5吨，即整车整备质量会超过15.5吨。动力电池超重，导致大客车运力降低；新车续驶里程能满足公交公司的要求，使用一段时间后衰减严重。例如，深圳巴士集团一批2013年的纯电动公交车，在使用5年之后就存在明显的电池动力不足的问题，部分车辆续航不超过100公里，有

① 雷洪钧：《公交车电动化是大势所趋》，载《人民公交》2015年第9期。

② 资料来源：《2018年北京公交社会责任报告》。

时最多跑两趟就要进行充电才能继续工作。

第二，动力电池充电时间过长，影响车辆运行效率。出于对动力电池安全问题的考虑，2016 年工信部暂停了三元锂电池客车列入新能源汽车推广应用推荐车型目录。随后，城市公交客车所用电池基本都为磷酸铁锂电池，给 280kWh 电容量的电池组充电，至少要 5 个小时以上。但从材料上看，磷酸铁锂材料不适合作快充，原因是其导电性不够好，快充时易发热。磷酸铁锂材料的本征电导率比较低，仅为三元材料的 1/100，需要对磷酸铁锂材料进行导电性优化才能满足快充的需求。这种情况就导致国内很多城市公交客车仍以慢充为主，充电过程长进而导致场地占用较多。

第三，充电配套设施供需不平衡，空间分布不均。由于场站用地资源紧缺，既有利用公交场站加建充电设施的模式已经难以满足车辆推广的需求。考虑充电桩建设投资回报，一般需利用固定场站或租期大于 4 年的临时场站建设。充电设施利用效率有待提高，增加设施建设用地需求。不同类型的充电桩，实际的平均车桩比不一样，利用效率存在较大差异，仅从用地和设施需求角度来看，直流模式的利用效率较交流模式的高出 70% 左右。由于不同公交企业、不同车型采取充电模式不一致，在使用过程中，不能完全实现设施共享。因为充电标准不统一，使得企业在车辆推广过程中，只能延续单一的充电模式，充电灵活性及适应性能力不强。工信部发布的《新能源汽车产业发展规划（2021—2035）》征求意见稿显示，预计到 2030 年，我国新能源汽车保有量将达 6420 万辆。根据车桩比 1∶1 的建设目标，未来十年，我国充电桩建设存在 6300 万的缺口，预计将形成万亿元的充电桩基础设施建设市场①。

第四，车辆置换成本高，资产处置缓慢。在推动纯电动公交车规模化

① 深圳市都市交通规划设计研究院：《公交电动化，我们在路上》，搜狐网，2017 年 7 月 18 日。

运营进程中，如何解决常规燃油公交车退出营运后的资产处置是一个难点，传统的招拍挂方式流程较为烦琐，时间消耗较长，并且存在没买家的可能性。同时，如果新车交付时旧车无法及时退出，在场站资源紧缺的状况下，公交企业还需要另租赁场地放置旧车，将产生额外的成本以及安全隐患、国有资产流失等风险。①

公交企业克服以上四个难点的基本思路如下：

（1）先保证满足公交公司基本要求。磷酸铁锂电池比能量的提升，短期不会有颠覆性的可能。客车厂不能等、不能靠。必须要发挥自己的主观能动性，必须满足公交公司的基本要求。运力不能降低，运营里程200公里要保障。电池配重必须控制在1.5以下，在动力电池配重有严格限制的条件下，解决这一难点基本模式是“晚充白补”，即晚上用慢充方式充电，白天用快充方式补电。

（2）由于动力电池比能量在持续提升，在保障满足公交公司的基本要求的前提下，还要一步一步实现公交企业的满意度要求。措施之一：“双枪同时充电模式”。里程越远，要求其充的电量越多，充电时间要求越长。客车厂家已经研发出，一把枪充1个单位时间，2把枪就是1/2个单位时间，大大缩短充电时间。措施之二：提供充电的方便性。比如开发一定容量的车载充电机，什么地方有电，就可以充电。如借用城市里无轨电车供电的滑触网电源，不仅安全可靠且自动化程度高。②

（3）增加配套设施数量，扩大充电网络覆盖。由于我国的充电网络分布还不广泛，除了城市范围和高速路，在其他地区几乎还是空白。电动汽

---

① 余钢、王慧农、周志成：《城市公交企业实现全面电动化的规模化运营管理成果实践》，载《中国企业改革发展优秀成果2019（第三届）下卷》。

② 李鲁苗、杨家骐：《新能源城市公交车支持政策现状及建议》，载《汽车纵横》2021年第1期。

车的充电需求得不到满足，大大限制了电动汽车的通行范围。所以要加大充电站的覆盖范围，如果能像加油站一样全范围覆盖，那么随时随地充电的问题就能够解决，行程焦虑问题也就能够得到根治。

（4）实行阶梯渐进地置换方式，有序完成公交车升级。提前半年到一年开始在市场上发布车辆更换信息，将淘汰的燃料公交车转移向小城市或地方区县。避免一次性集中更换，采用出售一批，置换一批的方式，尽量保证旧公交车辆不积压。此外，还需进一步明确相关责任人责任，通过奖励或惩处方式使责任人能及时处理老旧公交车，提升置换效率。

二、绿色化公交先行

国家已将加快推动新能源车辆发展应用作为一项基本国策，近几年国家及省、市陆续出台了相关实施意见和要求。但由于新能源汽车发展仍处于起步阶段，新能源技术还不够完善，充换电等相关基础配套设施建设相对滞后。而公交车有相对固定的线路和范围，易于解决充电桩配套的问题。因此，公交等公共服务领域的电动化已经成为国家推动新能源汽车产业化发展的重要方向。推进城市公交优先绿色化发展是立足我国实际，符合世界交通运输发展趋势和规律的战略选择。2014 年 7 月下发的《关于加快新能源汽车推广应用的指导意见》中明确指出，扩大公共服务领域新能源汽车应用规模。各地区、各有关部门要在公交车、出租车等城市客运以及环卫、物流、机场通勤、公安巡逻等领域加大新能源汽车推广应用力度，制定机动车更新计划，不断提高新能源汽车运营比重。新能源汽车推广应用城市新增或更新车辆中的新能源汽车比例不低于 30%。《交通强国建设纲要》指出，要开展绿色出行行动，倡导绿色低碳出行理念。

城市公交是新能源汽车推广的优先领域，完善公交车成品油价格补助政策是新能源公交车推广的关键之一。2006 年起实施的成品油价格补助政策，促进了石油价格形成机制的不断完善和城市公交行业的稳定发展。但成品油价格补助政策的长期执行，实际形成了鼓励购买和使用燃油公交车、阻碍新能源公交车推广应用的不良机制，不利于优化公交行业能源消费结构。2015 年 5 月，财政部、工信部、交通运输部联合下发的《关于完善城市公交车成品油价格补助政策加快新能源汽车推广应用的通知》提出，通过逐步减少对城市公交车燃油补贴和增加对新能源公交车运营补贴，将补贴额度与新能源公交车推广目标完成情况相挂钩，形成鼓励新能源公交车应用、限制燃油公交车增长的机制，加快新能源公交车替代燃油公交车步伐，促进城市公交行业健康发展。

《关于城市优先发展公共交通的指导意见》指出，按照资源节约和环境保护的要求，以节能减排为重点，大力发展低碳、高效、大容量的城市公共交通系统，加快新技术、新能源、新装备的推广应用，倡导绿色出行。根据赛迪顾问汽车产业研究最新发布的《2018 中国新能源公交车城市推广研究报告》，目前我国每 3 辆公交车中就有 1 辆是新能源车型；报告预测，公交车有望率先实现全面新能源化。公交车经历了由柴油、汽油到纯电动车的变迁，电动化覆盖率逐步提升，目前，我国新能源公交车突破 35 万辆，占比超过全国公共汽电车总量的 50%，位居全球第一。为了响应国家“蓝天保卫战”政策，近年来政策对新能源公交车支撑性更强，未来传统柴油公交车将逐渐被经济性能更优化更环保的纯动力公交车所取代。2018 年末，深圳已经率先实现了全市专营公交车辆纯电动化，成为我国乃至全球特大型城市中首个实现公交全面纯电动化、公交零排放的城市。另外，随着国家充电基础设施的完善，以纯电动公交车引领的纯电动客车凭借在环保性能和节约能源方面的优势，将成为国家主推路线。

我国的绿色出行发展取得显著成效，推动形成了简约适度、绿色低碳的生活方式。①

公交全面电动化可以明显改善城市环境。一辆普通燃油公交车耗油 30 升/100 公里，每天运营行驶 250 公里，消耗约 75 升燃料；与燃油公交车相比，一辆纯电动公交车一年节省燃油 2.6 万升，减少二氧化碳排放 68 吨，减少二氧化硫排放 1.3 吨，减少氮氧化物排放 0.38 吨，环保效益相当于种植阔叶林 40 万平方米。实现公交全面电动化后，深圳市每年可减少二氧化碳排放量近 118 万吨，减少其他废气污染物排放量约 960 吨，相当于种植 645 万棵树，为城市节能减排做出重要贡献。

公交全面电动化同样也会带来重大的经济效益。以深圳市为例，原燃油公交车能源消耗费用：0 号柴油，价格约 6.2 元/升，普通燃油公交车油耗约为 30 升/100 公里，每天运营行驶 250 公里，约为 465 元/天。纯电动客车能源消耗费用：电价约为 0.78 元/千瓦时，纯电动客车电耗约为 40 千瓦时/100 公里，每天运营行驶 250 公里，约为 78 元/天。常规保养计算在内情况下，每年营运 350 天，营运 8 年，可节省约 108 万元。一辆纯电动公交车在全生命周期节省约 100 万元燃料费。②

为了保障公交先行，需要落实以下措施：第一，保障公交道路使用权的绝对优先。绝对优先强调的是“公交车思维”，它要求公交车专享路权，分道行驶；公交信号优先；礼让公交车等。同时，要大规模设置公交专用车道，以确保公交车的路权，确保公交车的运营速度，达到国家标准（20

---

① 曹霞：《公交先行战略下我国城市公交发展新态势》，载《现代营销（下旬刊）》2020 年第 11 期。

② 刘畅：《深圳：提供城市公共服务领域机动车电动化的“中国方案”》，载《世界环境》2019 年第 4 期。

公里/小时)。[1] 第二，提升违反“公交先行”的成本。这要求交通管理、公安部门配合，对违规占用公交专用道路的其他车辆进行严厉、公正的处罚。第三，加强公交先行的宣传。自 2013 年以来，北京、济南、郑州、广州、兰州、成都等城市举办了六届以“公交优先、绿色出行”为主题的公交出行宣传周活动。各地积极响应，广泛动员相关部门、公交企业和社会公众积极参与，共同营造“低碳交通、绿色出行”的城市健康出行文化。

三、转型阶段的软硬兼修

推进公交线网的供给侧结构性改革，构建多层次城市公交线网，是支撑公共汽电车转型的重要“硬”措施。《交通强国建设纲要》指出，推进城市公共交通设施建设，强化城市轨道交通与其他交通方式衔接，完善快速路、主次干路、支路级配和结构合理的城市道路网，打通道路微循环，提高道路通达性，完善城市步行和非机动车交通系统，提升步行、自行车等出行品质，完善无障碍设施。科学规划建设城市停车设施，加强充电、加氢、加气和公交站点等设施建设。全面提升城市交通基础设施智能化水平。因此，需要拓展均衡有序的公交网络，服务市民“便捷出行”。大力发展中运量主干线公交、支线公交、社区公交等多种形式的常规公交线路，编织横纵交错的 BRT 线路网络，实现城区间高效“快捷出行”；打造个性化需求定制公交和通勤公交网络，吸引更多市民选乘公交“绿色出行”。

---

① 高振明：《实行公交路权绝对优先是解决城市交通拥堵的必由之路》，载《辽宁科技学院学报》2017 年第 6 期。

除了规划线网、修建充电桩、更换新能源公共汽车等“硬”性措施，政府还采取了一系列支撑公共汽电车转型的“软”措施。

第一，配套公交电动化的宏观规划政策。城市公共交通是为了保障广大中低收入群体以低成本出行，具有公益性特征。近年来，国家一直积极推进城市公交车发展，2011 年开展公交都市建设示范工程，2016 年加快推进城乡公交一体化发展，2019 年提出绿色出行行动计划，2020 年具体实施绿色出行创建行动城市，总体来讲：一是注重城市公共交通体系建设，扩大公交线网范围；二是提高绿色出行比例，加快推进城市公交电动化发展。国务院在 2012 年发布优先发展公共交通的指导意见，提高车辆保有水平，提高公共交通出行比例。

第二，出台公交电动化的推广应用政策。公共交通领域是新能源汽车推广应用的主阵地，而城市公交车发挥了排头兵的作用。

第三，出台电动公交车的购置补贴措施。自 2009 年起，随着技术、成本和市场规模等情况，补贴政策优化调整了 10 次，新能源客车逐步细化车辆类型，提升整车和动力电池等技术指标，降低补贴资金，加强扶优扶强。具体特征如下：（1）动力类型聚焦新能源汽车：2013 年开始不再对普通混合动力车辆提供补贴；（2）车辆长度更加细化：由 10 米以上扩展到 6 米及以上，覆盖全长度段的城市公交车产品；（3）技术指标注重使用和安全：降低单位载质量能量消耗量、提升续航里程、提高电池系统能量密度等要求；（4）补贴转向扶优扶强：由定额补贴转向设置差异化补贴；（5）补贴标准逐步退坡：以动力电池生产成本和技术水平发展等为依据，逐年下调补贴金额。

第四，运营补贴政策。2015 年，财政部、工信部和交通运输部联合发布《关于完善城市公交车成品油价格补助政策加快新能源汽车推广应用的通知》，对符合技术、运营要求的节能与新能源公交车每年提供运营补贴，并对不同长度段、动力类型的公交车提供差异化补贴标准，形成了新能源公交车运营成本的绝对优势。2019 年，《关于支持新能源公交车推广应用的通知》中提到，从 2020 年开始，将采取“以奖代补”方式继续给新能源公交车提供运营补贴。

第五，税收优惠政策。新能源城市公交车享受购置税和车船税优惠政策，具体来讲：（1）购置税免征，适当提出产品技术要求：2012 年，《关于城市公交企业购置公共汽电车辆免征车辆购置税的通知》对自 2012 年 1 月 1 日起至 2015 年 12 月 31 日止购置的公共汽电车辆免征车辆购置税；2016 年，《关于城市公交企业购置公共汽电车辆免征车辆购置税有关问题的通知》对 2016 年 1 月 1 日起至 2020 年 12 月 31 日止购置的公共汽电车辆免征车辆购置税；2018 年，《车辆购置税法》将公共汽电车辆免税政策正式写入其中；2019 年，《关于城市公交企业购置公共汽电车辆免征车辆购置税有关事项的公告》明确，自 2019 年 7 月 1 日起购置的公共汽电车辆免征车辆购置税。（2）车船税优惠：2018 年，《关于节能新能源车船享受车船税优惠政策的通知》对新能源公交车免征车船税；2019 年，《中华人民共和国车船税法（2019 修正）》对城市公共交通车船给予定期减征或免征车船税。在国家相关支持政策体系推动下，新能源公交车产销年均复合增长率超过 1 倍，加快了替代燃油公交车的步伐。①

综上所述，党的十八大以来，我国公共汽电车变得更加绿色。一方面，大力发展新能源公交，推动公共汽电车的电动化；另一方面，不断建设新型基础设施，出台配套的设施，做到公共汽电车转型阶段的“软硬兼修”。

① 李鲁苗、杨家骐：《新能源城市公交车支持政策现状及建议》，载《汽车纵横》2021 年第 1 期。

第三节　城市交通新业态的涌入

城市交通新业态，是指以互联网等信息技术为依托构建服务平台，通过服务模式、技术、管理上的创新，整合供需信息，从事交通运输服务的经营活动，包括网络预约出租汽车、汽车分时租赁和互联网租赁自行车等。《交通强国建设纲要》指出，要加速新业态新模式发展，大力发展共享交通，打造基于移动智能终端技术的服务系统，实现出行即服务。发展“互联网 +”高效物流，创新智慧物流营运模式。建立通达全球的寄递服务体系，推动邮政普遍服务升级换代。加快快递扩容增效和数字化转型，壮大供应链服务、冷链快递、即时直递等新业态新模式，推进智能收投终端和末端公共服务平台建设。党的十八大以来，随着移动通信技术的不断完善，移动支付手段更加便捷，衍生出了新型的以平台作为主要载体的城市交通新业态。这也成为了交通强国建设中城市交通发展的新机遇与挑战。

一、互联网租赁自行车

互联网租赁自行车，又被称为“共享单车”，是自行车分时租赁的一种形式，自 2014 年 ofo 小黄车诞生以来，为广大人民群众的出行提供了便捷，也是对传统公共自行车系统的创新性变革。2014 年以后，国内互联网租赁自行车发展阶段又可划分为萌芽阶段、成长阶段、泛滥阶段、洗牌阶段。①

① 吴杭韦、郑伟浩、朱迪：《新制度经济学视角下的共享单车探析：优势、问题与治理》，载《生产力研究》2019 年第 6 期。

萌芽阶段，即互联网租赁自行车的诞生时期。这一阶段以 ofo 和摩拜两家互联网租赁自行车企业为主。由于“共享经济 + 单车”的概念比较前沿，缺乏国外经验对标，两家公司在北京、上海这样的大城市进行了经营模式的探索。2014 年 10 月，ofo 骑游成立，提出要用“共享经济 + 智能硬件”解决长期以来大众出行面临的“最后一公里”问题，开始在北京的高校中试运行。次年 6 月，ofo 在北京大学上线，将运营区域从校内扩张到了校外。2015 年 1 月，摩拜单车上线，在上海投入运营，采取的是城市核心商务区与住宅区分配方式。

成长阶段，即 ofo 与摩拜迅速成长、激烈竞争的阶段。该时期，ofo 与摩拜逐渐遍布国内的一线城市，几乎瓜分了整个共享单车市场。随着大量资本进入共享单车行业，同期也出现了以小蓝单车、哈啰单车、小鸣单车为代表的小规模单车企业，开始向现有的二元格局发起冲击。

泛滥阶段，指资本疯狂进入后，单车企业进行疯狂布点、投放，不计成本的“烧钱”阶段，以最激烈的 ofo 与摩拜的“橙黄之争”为代表事件。2017 年国内共享单车投放量超过 2000 万，为 2016 年投放量的 11 倍；共享单车城市覆盖量从 2016 年的 33 座上升为 2017 年的 200 座。截至 2018 年 6 月，城市覆盖量又上升至 250 座。超规模的投放量产生了严重的乱停问题，并且在运营中出现了“单车坟场”等城市治理难题，引起各地政府重视，开始制定约束性措施以规范企业运营。

洗牌阶段，即市场重组阶段重新确立市场秩序。由于共享单车企业不计成本地盲目扩张，许多市场中单车供过于求，部分亏损企业难以维持生产经营，纷纷破产倒闭。2017 年 6 月，仅上线五个月的悟空单车宣布退出市场，开启了共享单车行业的倒闭潮。这一年，3Vbike、町町单车、酷骑单车、小蓝单车相继退出市场。2018 年 8 月底，拥有最多用户的 ofo 遭到合作生产商上海凤凰自行车有限公司起诉，索要 6815 万元货款。10 月开始，大量 ofo 用户发现退押金难，经媒体报道发酵后引发千万用户排队退押金，ofo 濒临倒闭。同年 12 月，摩拜单车宣布裁员 30%。

2017 年 8 月 2 日，经国务院同意，交通运输部、中央宣传部、中央网信办、国家发展改革委、工业和信息化部、公安部、住房城乡建设部、中国人民银行、国家质检总局、国家旅游局 10 部门联合出台了《关于鼓励和规范互联网租赁自行车发展的指导意见》（以下简称《指导意见》）。《指导意见》肯定了互联网租赁自行车发展对方便群众短距离出行、构建绿色低碳交通体系的积极作用，提出要按照"服务为本、改革创新、规范有序、属地管理、多方共治"的基本原则，鼓励和规范共享单车发展，进一步提升服务水平，更好地满足人民群众的出行需求。《指导意见》从实施鼓励发展政策、规范运营服务行为、保障用户资金和网络信息安全、营造良好发展环境四个方面，提出了相关具体措施。

总体来说，互联网租赁自行车囊括了四大技术要素，这是有别于传统公共自行车的关键，也是引领城市交通技术创新的核心。第一，车辆技术。互联网租赁自行车在车身上配有智能锁。从摩拜 1 代的短信解锁和 ofo 1 代的手动机械解锁，到如今的蓝牙解锁、电子围栏、预约等新增的功能应用，智能锁关键、基础的功能已经逐渐确定下来，各家智能锁的差异已经不大了。目前，智能锁基本都是由控制、通信、感知、执行、供电等模块组成。主要的模块功能如下：控制芯片为智能锁系统的控制中枢，整体负责通信、车锁控制和状态信息收集；移动通信芯片为内置电信运营商的 Sim 卡，负责与云端应用后台进行通信；蓝牙通信模块用于连接用户手机并实现解锁，也与电子围栏的应用实现有关；GPS 通信模块实现物理定位功能；车锁的传感器感知车锁的开、关状态，并将车锁状态信息向控制芯片上报；车锁的执行器；控制芯片通过执行器对车锁进行开、关操作；蜂鸣器，用于异常状态的发声报警；电源模块：电池、充电模块（芯片）、充电装置（太阳能电池板；电机和测速传感器等）。

第二，用户端应用程序。互联网租赁自行车用户端应用程序分为登录、使用和控制三个模块。注册时，本地校验是否为正确的手机号，并向云服务器验证是否已经注册过，经过验证后，向手机号发送验证码进行注册。在车辆使用方面，采用手机应用和蓝牙模块建立双向通信达到控制车锁的目的。需要用车时，使用手机蓝牙适配器连接蓝牙模块建立 Socket 通信通道。通信建立后，手机端通过 Socket 携带控制命令到蓝牙模块，也可以控制单片机通过串口发送数据到蓝牙模块与手机通信。对于车辆行程监控，需要用户开启后才能进入工作，该功能集成的是百度地图 API，调用百度地图的定位功能，通过实时监听手机位置定位车辆。在用户结束用车后会将车辆最后的坐标位置通过手机 App 上传到云服务器。在车辆使用过程中，若用户开启了路径监控模式，则可以描绘出运行轨迹，同时计算车辆的行驶速度、路程和骑行时间；若用户未开启该模式，则不会进入路径监听模式，百度地图只进行定位。手机蓝牙与车锁蓝牙通信后，向云服务器发送 HTTP 请求，通过解析返回的 JSON 数据，拿到“钥匙”，从而对车锁进行开关控制。同时，蓝牙车锁端监测到车锁关闭后，向手机发送当前状态，App 监听到状态改变，向云服务器请求结束计费，App 可以结束用车。①

第三，线上平台技术。互联网租赁自行车的云端应用，是一个建立在云计算之上的大规模双向实时应用。云计算，一方面能够保证应用的快速部署和高扩展性，另一方面能够应付大规模高并发场景，满足百万级数量的连接需要（例如摩拜的云服务是建立在微软的 Azure 公有云服务平台之上）。云端应用需要采集、存储并管理两类关键数据，一是单车数据（物

① 王风雷、秦会斌、崔佳冬：《共享单车服务器及客户端设计与实现》，载《物联网技术》2018年第2期。

联网特性的资产数据：包括单车的通信连接状态、车锁状态、使用记录等），单车数据由智能锁通过通信模块和 SIM 卡，经过电信运营商的网络以及运营商的物联网平台，上传到共享单车的服务平台；二是用户数据（互联网特性的用户数据：除了用户基本信息、消费记录、用户账户和征信信息等，还包括用户的行为数据：骑行的路径和位置信息）。由于互联网租赁自行车一方面涉及海量的物联网数据、用户数据的管理，另一方面又要随时跟进用户需求而做功能开发和优化，所以应用之下会先构建平台服务（PaaS）。配备平台服务层，一方面能够使得应用承载百万量级的高并发数据流，另一方面又能做到资源和能力的动态调配、功能的灵活开发。所以，摩拜不仅使用了微软的基础云服务（Azure），还使用了微软的平台服务（PaaS），包括物“Azure - Iot”平台服务、Dynamics、CRM、客户关系管理服务，以及基于机器学习的预测分析功能等①。

第四，线下运维管理技术。互联网租赁自行车的线下运维管理主要包括车辆调度、维修和停放管理技术。车辆调度和维修主要根据车辆定位系统，结合骑行大数据灵活管理。而目前的停放问题则更加突出，采用比较广泛的即电子围栏技术，主要包括卫星定位系统的电子围栏与基于蓝牙技术的电子围栏。基于卫星定位技术的电子围栏：这种方法就是在共享单车锁中安装有一个 GPS 模块，以及移动网络终端，与后台网络连接，利用一般 GPS 定位方法，将单车的停放点限制在地图上规定停放点附近的一定范围内，目前只有极少地方在使用，问题较多。使用固定安装在停放点的蓝牙读写设备读取车载蓝牙标签的电子围栏：通过安装蓝牙读写器，用于读取在它信号覆盖范围内的单车的蓝牙装置，通过控制调整蓝牙读写器与车载蓝牙标签之间的通信距离来控制共享单车的停放范围，这种方法投入

---

① 王一鸣：《从“云端应用”透视共享单车》，载《通信世界》2017 年第 27 期。

大，安装运营维护成本高[①]。因此，目前关于规范停放的技术仍未有好的发展，互联网自行车乱停放现象仍十分严重。

二、网约车引领共享经济

网约车，即网络预约出租汽车经营服务的简称，是指以互联网技术为依托构建服务平台，接入符合条件的车辆和驾驶员，通过整合供需信息，提供非巡游的预约出租汽车服务的经营活动[②]。2016 年 7 月 28 日，交通运输部联合公安部等七部门公布《关于深化改革推进出租汽车行业健康发展的指导意见》和《网络预约出租汽车经营服务管理暂行办法》。2016 年 12 月 21 日，北京市《网约预约出租车经营服务管理细则》正式对外发布。北京市依旧延续了此前“京车京人”的规定，此外，细则还规定网约车司机的驾驶证件需为北京市核发，接入网约车平台的个人和车辆必须经过审核，具备相关资质后方可上路参与营运[③]。

2018 年 2 月，交通运输部办公厅下发的《网络预约出租汽车监管信息交互平台运行管理办法》指出，网约车监管信息交互平台所接收的运营信息数据，在线保存期限不少于 6 个月。《网络预约出租汽车监管信息交互平台运行管理办法》自 2018 年 3 月 1 日起施行，有效期 3 年。2018 年 5 月 24 日，交通运输部公布新修订的《出租车服务质量信誉考核办法》将网约车新业态纳入考核，于 6 月 1 日起施行，有效期 3 年。2018 年 6 月 5 日，交通运输部、中央网信办、工业和信息化部、公安部、中国人民银行、国

① 陈斌：《城市共享单车公共治理应用技术研究》，载《交通与港航》2018 年第 3 期。

② 张羽琦：《“互联网 +”背景下传统出租车改革与网约车发展》，载《当代经济管理》2018 年第 4 期。

③ 陈钰：《从某网约车预约软件分析法律关系》，载《法制博览》2017 年第 14 期。

家税务总局和国家市场监督管理总局等七部门联合印发《关于加强网络预约出租汽车行业事中事后联合监管有关工作的通知》，明确了网约车行业事中事后联合监管工作流程。

2019 年 11 月 11 日，从交通运输部获悉，交通运输部、中央网信办等六部门当日联合约谈滴滴出行、首汽约车、神州优车、曹操出行、美团出行、高德、嘀嗒出行、哈啰出行等 8 家网约车顺风车平台公司。约谈指出，各主要网约车、顺风车平台对照 2018 年联合安全检查反馈的问题清单和整改清单，细化整改措施，落实整改举措，已取得了阶段性成效，但仍需持续推进。各平台公司应继续强化企业安全生产主体责任落实，结合发展新形势，把安全整改的成效制度化、标准化，进一步完善企业制度和安全生产的长效机制。约谈提出，要为交通运输新业态发展共同营造良好的政策环境。要进一步加快网约车合规化步伐。各网约车平台公司要主动配合地方管理部门，依法依规开展经营，确保乘客安全和合法权益。约谈指出，要科学界定聚合平台各方责任。一些聚合平台近期出现接入不合规的网约车平台公司、车辆和司机，以“聚合”的名义从事非法网约车经营等新问题。聚合平台要加强对接入的网约车平台公司经营资质的审核把关工作，并督促网约车平台对车辆和司机从业资质严格把关，共同承担起安全保障责任和解决乘客投诉的兜底责任。此外，要坚决落实企业维稳主体责任，切实维护行业稳定。各平台公司要立即排查自身存在的“以租代购”、侵害驾驶员权益等问题隐患，严格整改，落实企业维护稳定主体责任，做好线下车辆和人员的管理工作，并保障驾驶员的合法权益①。

网约车“互联网 + 共享经济 + 共享交通”的核心运营模式有四大特

① 魏玉坤：《交通运输部等六部门集中约谈主要网约车顺风车平台公司》，新华网，2019 年 11 月 11 日。

性：一是以经济规律为杠杆，充分发挥市场经济效益；二是以信息对称为核心，精准匹配乘客与车主行程，大大降低空驶率和空驶里程，有利于减少无效尾气排放；三是以大数据为手段，实现运营过程的全监控，有利于监督保障服务质量；四是以共享交通为模式，盘活私家车运力资源存量，有利于多人合乘一车、一车服务多乘的共享交通模式。因此，网约车可以帮助解决城市公众交通难题，弥补现有体系中的不足①。

2018 年，交通运输部等单位对网约车企业检查时指出，网约车企业存在九大问题：公共安全隐患问题比较突出；顺风车安全产品隐患巨大；应急管理基础薄弱，效能低下；非法营运问题比较突出；安全生产主体责任落实不到位；企业平台的诚信缺失；个人信息安全存在问题；社会稳定风险比较突出；涉嫌行业垄断。

在网约车出现的几年中，滴滴一路战胜了包括国际巨头优步（Uber）在内的 30 多个竞争对手，最终占据了中国网约车市场九成市场份额。2018 年 5 月和 8 月，出现两起女孩乘坐滴滴顺风车被害案，滴滴公司在恶性事件中，负有不可推卸的重大责任。对此，多部门责令滴滴立即对顺风车业务进行全面整改，加快推进合规化进程，严守安全底线，切实落实承运人安全稳定管理主体责任，保障乘客出行安全和合法权益，及时向社会公布有关整改情况。历经一年多整改，2019 年 11 月 20 日，滴滴顺风车整改后重新上线运营，优化了上百个安全功能和策略，保障用户出行安全。

毋庸置疑，科学技术在网约车发展中扮演的关键角色。众多拼车数据库之间的互操作性取得显著进展。多个共乘服务供应商之间的开源数据共享，使会员在所有数据库中找到匹配。这就需要网约车公司在保证竞争的前提之下，制定共享协议。同时，共享经济属性要求网约车更加注重价值

① 崔丽媛：《共享，催生幸福》，载《交通建设与管理（上半月）》2016 年第 12 期。

共创。在共享经济模式下的网约车行业中，用户连接阶段的价值创造方式是遵循用户主导逻辑的价值共创；用户接触阶段的价值创造方式是遵从用户主导逻辑的用户价值独创；用户分离阶段的价值创造方式是服从供应方主导逻辑的价值共创。①

三、公交的需求响应

需求响应型公交（demand response transit，DRT）是以吸引私家车通勤者或拟采用私家车通勤的乘客为目的而设计的一种公共交通方式，并通过集合个体出行需求，为出行起点、出行时间、服务水平需求相似的人群提供量身定制的公共交通服务。② 如果说传统的公交车是典型的“人找车”模式，那么需求响应型公交就是典型的“车找人”模式。相比传统公交，DRT 基本在划定范围内，个人出行在时间和方向上有一定的规律性，出发时间需求尽量宽松，有助于弥补常规公交的不足。需求响应型公交实现了在划定的范围内，根据乘客个性化出行的时间和地点，提供灵活、快捷、零换乘、少步行的公交服务。未来公共交通的服务谱系一定是“人找车”和“车找人”模式相结合，高频率干线 + 低频保障线 + 需求响应公交，在各自适宜的场景下提供高品质的服务③。

需求响应式公交服务以乘客需求为导向，在低密度分散的出行地区，具有较好的优势，在我国城市快速发展时期，特别是城乡接合部、城市拓

---

① 杨学成、涂科：《出行共享中的用户价值共创机理——基于优步的案例研究》，载《管理世界》2017 年第 8 期。

② 尹志芳、吴洪洋、张晚笛、郝萌：《城市共享出行理论与实践》，人民交通出版社股份有限公司 2020 年版。

③ 佟亚涛：《业内热议：需求响应型公交 DRT 公交转型发展新方向》，央广网，2020 年 9 月 27 日。

展区，公交的发展与城市经济社会的快速发展不适应，公共交通服务滞后于城市经济发展，此部分区域居民公交出行不便，且在已开行的较偏远地区的冷僻公交线路中，政府需要长期给予亏损补贴。而通过发展需求响应式公交服务，作为公交未覆盖区域的补充和接驳，根据乘客需求进行弹性班次服务，可节约运营成本和社会资源，减少政府补贴，提高公交的服务水平和品质，是实现可持发展的重要战略。①

需求响应公交系统相比传统公交系统的主要变化，是可根据出行需求动态地调整线路、站点、运行时刻表的服务方案。系统服务全过程主要如下：(1）服务预约。出行者向响应需求公交系统的管理中心预约服务，确定需求的上下车地点、出行时刻。(2）方案制定。系统管理中心根据预约信息，调用方案制定策略程序来制定系统服务方案，包括确定哪些需求由同一车辆服务、服务车辆的指定、服务顺序和行驶路径制定等。(3）服务实施。管理中心将制定好的方案告知车辆司机，司机根据方案驾车实施运营方案。管理中心同时对车辆位置进行监控和记录，为后续服务调度组织奠定基础。(4）策略调整。定期对系统运营情况进行分析和评估，调整方案制定策略，改善系统运行效果。②

北京公交集团的需求响应型公交是一个典型案例。2011 年 4 月，北京公交集团在天通苑和回龙观两大社区开通了可以预订专座的通勤快车服务，通过社区网站收集乘客交通需求的方式来决定提供相应的运营服务，成功开通了 4 条线路，满足了两大社区居民的出行需求。得益于两大社区开通通勤快车服务的探索和成功实践，2012 年北京公交集团决定建立电子

① 章玉：《我国发展需求响应式公共运输服务的必要性》，载《综合运输》2013 年第 10 期。

② 沈昱、关函非：《响应需求公交系统分析与实施要点研究》，载《交通与运输（学术版）》2010 年第 2 期。

商务服务平台发展DRT，并于2013年9月1日正式运行。9月9日，3条DRT线路正式开始运营。此后DRT线路陆续开通，于次月12日北京公交集团已开通了27条DRT线路，有1600多名乘客享受到了DRT服务。由此北京DRT的发展走向了快车道，于2015年8月3日又开通了DRT的快速直达专线，同年12月7日快速直达专线已经陆续开通75条线路，日均运送乘客7000多人次，日均发车400车次。到2016年，北京DRT已经开通了177条线路，日运送乘客约有900人次，累计运送乘客超过200万人次。并且有多种形式的DRT，分为商务班车、快速直达专线、休闲旅游专线和节假日专线4种形式①。

北京的DRT覆盖的主要地区包括东西南北四个方向，以东部地区开行线路较多；北部地区主要覆盖昌平城区、回龙观、沙河、天通苑等地；西部是门头沟卧龙岗、鲁谷、苹果园等地；南部则主要覆盖黄村、亦庄地区。主要到达地区包括有国贸、双井、金融街、王府井、三元桥、东直门、上地、中关村、北宫门、公主坟、六里桥、丽泽桥、总部基地、宋家庄枢纽站等。总体来说，目前DRT基本覆盖北京市内外主要的大型居住区和工作地。其线路分布的特点主要是依托公交专用道的施划来开行的，如最早以京通快速路为主干线，连接通州地区主要社区和国贸，随着2014年京开高速公交专用道、2016年京港澳、京藏高速公交专用道的陆续施划，DRT线路也陆续开通了黄村、亦庄方向至中关村、金融街；回龙观至望京等方向的线路②。

但是，上下车站点问题是目前困扰定制公交设置的难题，因为有需求

① 许茂兴：《深圳定制公交运营模式优化研究》，哈尔滨工业大学学位论文，2017年。

② 孟环：《公交集团：北京已拥有378条多样化公交线路日均客运量3.7万人》，中国日报网，2018年10月10日。

的地方一般停车条件也有限。如CBD地区、金融街地区有需求，但是停车站点只能稍微远一些。定制公交的站台设置样式不一定，比较灵活，有的和常规公交车站台共用，有的或许就是在小区门口立个牌子。

DRT的开通，是以一定规模的同方向、同时间段的乘客需求为基础的。市民可以在定制公交平台需求调查版块，详细填写出行需求，包括居住地、工作地，到达时间、单双程等涉及线路设计的关键信息，线路设计人员会定期汇总乘客需求，对于达到规模要求，能够开行的线路，会进一步设计线路，将设计好的线路信息发布到定制公交平台，同时向曾经填写过需求的市民发送线路招募信息，提示其预订，当线路招募人数达到线路车辆座位数一半时，组织线路开行。市民填写需求调查，可以通过三个途径实现，一是定制公交电子商务平台，二是定制公交App，三是定制公交微信。此外，根据轨道交通的开行等原因，本市也有因客流越来越少而停止开通的定制公交线路。

在北京，DRT作为一种新的公共交通服务模式，从开始到现在也只发展了几年左右的时间。在国内，北京市是发展DRT服务较早的城市，目前来说，运营的状况还比较成功，其中的一些发展经验比较适合国内各大城市的借鉴。（1）通过公交集团充分的调查了解，将该地区乘客的普遍出行需求和乘客各自的出行特点需求有效结合，在专门的网页和App平台提前进行乘客招募，加强宣传，可以为顺利开通DRT服务打好基础。（2）要实现DRT服务方式的多样化，不能局限于开通商务班车，要充分挖掘市民的出行需求，为市民打造适合的DRT服务方式，才能充分推动DRT的发展。①

① 尹志芳、吴洪洋、张晚笛、郝萌：《城市共享出行理论与实践》，人民交通出版社股份有限公司2020年版。

第四节　城市交通治理模式创新与改革深化

2019 年 9 月，党中央、国务院印发的《交通强国建设纲要》标志着交通强国建设进入实质性阶段。《交通强国建设纲要》要求，通过完善治理体系，提升治理能力，尊重城市自身发展规律，以提升城市交通系统服务水平。因此，提升城市交通治理水平，是国家治理能力现代化的重要体现，也是实现交通强国这一宏伟目标的必然要求。

党的十九大以来，出行即服务（mobility as a service，MaaS）理念逐渐走入人们的视野。基于数据、服务与用户需求交互，使出行需求打破条块分割，实现集成化、一体化，且技术日趋成熟，因此能够更好地服务于交通强国建设，推动公共交通的新一轮升级，营造更加智慧的城市交通治理环境。

一、出行即服务

在共享交通模式和智能信息技术的基础之上，城市出现了全新的交通理念——“出行即服务”。所谓 MaaS，就是将各种交通方式的出行服务进行整合，进而满足各种出行需求的交通系统。在 MaaS 系统下，出行者把出行视为一种服务，不再需要购买交通工具，而是依据出行需求，购买由不同运营商提供的出行服务。它通过改变出行服务的运行环境，以及重新定义不同运营者的商业模式，进而达到优化整个交通运输系统的作用。乘客只需在一个平台、一次支付就可以使用从起始点到目的地“门到门”的全过程出行服务，而无须关注出行过程中的细节。

目前存在的 MaaS 平台能够支持多种交通方式联运模式，其中包含了共享汽车、汽车租赁、共享单车、共享停车、地铁、公交、出租车等。通过预订系统、快捷方便的支付软件、实时路况信息，MaaS 用户能根据自己的需求来购买合适的出行服务。在联合各类运输模式的基础之上，MaaS 系统的构成有八大关键属性。这些属性都与互联网密切相关，其中一半与用户体验有关，即无缝衔接的个性化出行、以生活为中心的定价、优化出行、增值服务一体化；另一半则与技术流程相关，即一体化支付、开放数据及研究、即插即用、产品与服务相协调。①

为了充分利用共享交通，各模式之间的合作是必要的。居民对现代化的出行要求做到灵活、便利和高效。这一目标，可以通过一体化技术实现。它能消除以前各种不同交通模式之间的阻碍，实现无缝出行。

MaaS 系统的一体化主要由以下六项关键技术构成：（1）共享交通技术：出行者不再需要购买交通工具，对供应商提供的交通工具只有使用权，而没有所有权。（2）票务一体化技术：使用一张智能卡就可以访问所有交通服务模式。（3）支付一体化技术：支付一体化让用户只需要一张智能卡就可以参与所有交通服务，并且通过一个账户即可支付这些服务。支付一体化是整合各类交通运输模式最基本的要素，通过智能卡技术实现。（4）ICT 一体化技术：只需要一个应用程序或在线接口就可以访问所有交通服务模式的相关信息。（5）供应商一体化技术：由单一的公司进行所有出行模式交通服务的提供和管理。（6）定制的个性化服务：根据出行者需求生成出行解决方案，出行者可选择预定这种方案。②

---

① 胡峰、黄伟：《基于“出行即服务”理念的城市公共交通系统变革》，载《规划师》2018 年第 11 期。

② 李晔、王密、舒寒玉：《出行即服务（MaaS）系统研究综述》，载《综合运输》2018 年第 9 期。

MaaS 发展的主要目标包括：（1）为出行者服务，满足各种出行需求，解决各种出行不便，提供自由、多样、灵活的门到门出行服务，取代部分小汽车出行；不仅考虑节约出行的时间和成本，对特定用户的最佳价值定位还包括安全、健康环保、美观等。（2）为出行服务供应商服务，更好地利用现有设施资源提供服务，扩大其市场规模，增加运营收入。（3）为城市管理者和交通机构服务，缓解交通拥堵及交通网络压力，更好地协调交通系统能力管理，实现城市可持续交通系统的发展目标以及推动城市对于减少能耗降低污染等目标的实现。①

赫尔辛基的 Whim 是 MaaS 的一个典型案例。2016 年底，MaaS Global 公司新推出了一款“出行即服务”的出行订阅服务客户端：Whim APP。该 APP 一方面帮助当地政府改善交通收费结构，另一方面帮助当地居民优化出行选择。Whim 为用户提供了 3 种类型的服务，以便最大限度地满足用户的不同需求。（1）Move on a Whim：零成本的体验测试服务，用户可以通过体验该服务确定适合自己的月租方案。（2）Monthly Mobility：主要针对平日以公交出行为主的人。用户可无限制地使用本地公共交通和共享自行车，以及在限定的额度内享受出租车、长途列车等其他服务用户可以通过做出明智的旅行选择来赚取额外的积分。（3）Ultimate Freedom：主要针对平日小汽车出行者，被称为“拥有汽车的现代替代品”用户可任意定制自己的公共交通方案，通过选择公共交通工具赚取额外的积分，用于平时的增值服务。“以拥有汽车的价格计算，您将根据自己的日常情况无限制地使用公共交通、出租车或共乘汽车需要。”Whim 的最大特点就是可以根据用户的需求进行定制化的服务，采用移动性“货币”——Whim point 进行支付，而不是让用户提前购买公交月票或车辆月租等锁定沉没成本的

① 李瑞敏：《出行即服务（MaaS）概论》，人民交通出版社股份有限公司 2020 年版。

方式，这是迈向真正集成的多模式联运的一步。在未来，Whim 准备将用户的日历连接到 App 上，用户可以计划自己的出行路线。每次旅行，都可以自由选择最便宜、最绿色，或者最方便的交通方式。①

2019 年 11 月 4 日，北京市交通委员会与阿里巴巴旗下高德地图签订战略合作框架协议，共同启动了北京交通绿色出行一体化服务平台（以下简称“北京 MaaS 平台”）。双方采用政企合作模式，共享融合交通大数据，依托最新升级的高德地图 App，打造北京 MaaS 平台，为市民提供整合多种交通方式的一体化、全流程的智慧出行服务，高德地图也从驾车导航工具升级为综合出行服务平台，积极倡导和推动市民绿色出行。北京 MaaS 平台是国内首个落地实施的一体化出行平台应用试点，同时也是国际上首个超千万级用户的 MaaS 服务平台②。

二、MaaS 与公共交通

公共交通系统在 MaaS 生态系统中的地位和作用一直以来也是众多人员所关注的内容。党的十八大以来，城市公共交通系统发展更加迅速，正经历着一场系统性改革的深化，而 MaaS 是公共交通深化改革的重要方向与手段。从 MaaS 减少小汽车出行量的目标来看，公共交通必须成为 MaaS 的基础和核心，只有由公共交通来取代小汽车的出行，才能更好地实现 MaaS 促进可持续交通系统发展的目标。

目前，与私营的出行服务企业相比，各国的公共交通部门更适合考虑

---

① 叶建红、易法彬：《出行即服务典型案例发展水平评价》，载《交通与运输》2019 年第 5 期。

② 赵丽梅：《国内首个一体化出行 MaaS 平台上线　可查地铁拥挤度》，中国青年网，2019 年 11 月 5 日。

公共利益。因此，无论是作为合作者、赋能者还是管理者，公共交通部门认为其应该在 MaaS 发展中发挥重要作用。例如，在维也纳，公共部门的目标不仅是要做 MaaS 开发的引领者，还要在确定和实现出行目标的过程中发挥战略性角色。维也纳的公共机构认为由公共机构控制 MaaS 的后台非常重要，这样可以更好地确保公平性和数据访问。然而，公共交通企业要成为 MaaS 的平台核心也需要有一些前提条件，例如，它们必须能够理解和利用已有基础设施和数据的价值，并且转变其组织的文化以允许更多的创新和实验等。①

基于 MaaS 的公共交通系统，将不再针对某种具体的城市公共交通载体，而是融合了所有非私有化的出行方式，连接了飞机、火车、轨道交通、公交车、出租车与自行车等传统出行方式，与共享单车、分时租赁汽车和顺风车等共享出行方式，以及个性化公交系统、无人驾驶系统等新型技术出行方式。同时，基于 MaaS 的公共交通系统还会充分考虑特殊人群的出行需求，如以老幼为主的校车、方便残障人士的公交车、包含母婴室的轨道交通等，从而使公交服务满足全社会各个群体的适应性需求。

交通服务之间需要形成一套联动的系统，实现用户在整个出行过程中信息共享，并在 MaaS 服务框架之内使用该服务。出行前，MaaS 系统会根据出行偏好和需要提供个性化的定制服务；在出行过程中，MaaS 系统也会根据实时信息或用户需求，随时调整规划路径和出行方式，供用户选择。

由于 MaaS 下的公交系统是一个聚合的整体，将会改变现有的公交模式结构。现有的公交系统都是由各公交企业独立自主的购置运载工具、规划线路、制定票价系统等，使乘客需要分别购买不同企业的运输服务，如完成一次跨城市出行，往往需要购买公交票、地铁票、火车/汽车票，以

① 李瑞敏：《出行即服务（MaaS）概论》，人民交通出版社股份有限公司 2020 年版。

完成不同交通方式之间的换乘。这种公交构成模式从根源上阻碍了公共交通的一体化，公交服务质量难以达到最优，乘客资源形成时空匹配难题。因此，基于 MaaS 的公共交通系统衍生出了出行平台运营商，实现交通运输服务层与用户层之间的快速衔接。出行平台运营商从不同公交企业购买相应的交通服务，将服务信息提供给用户，用户直接购买平台服务，而不用分别购买不同公交企业服务，从而实现简化出行决策的过程。

MaaS 作为交通领域供需组织者的典型代表，须同时掌握供需两方的实时动态信息以实现其动态、精准的配置。而目前既有的出行行为具有高度随机性与不确定性，出行需求信息往往只有在出行实现（比如刷卡乘车）的那一刻才能准确获得，为交通运营组织优化、资源配置带来了很大的难度。目前，各行各业都开始通过预约的方式来提前获取需求信息，从而优化供需的匹配，例如医疗行业的挂号预约、旅游景点的参观预约、畅销品的购买预约等等。MaaS 面向群体广（涉及政府、运营服务商、技术支持方、地图服务商、消费服务商、用户等多个利益主体），涉及环节多（出行前、中、后三个环节），需要具备出行全生命周期的服务功能，包含信息查询、出行方案规划与导航、出行实现与支付等。这些功能的高效、安全实现需要定位、支付、通信、安全等技术的支撑，并辅以海量、高频、并发信息的计算能力，以及支撑车辆智能调度、出行路径方案优化、运行线路动态调整等高效算法①。

在基于 MaaS 的公交系统中，不同交通方式间的接连换乘时间更加紧密，由此会改变现有的场站体系，由“点—线”模式发展为“点—站—区”的三级模式，包括共享单车存取点、公交车停靠站、共享出行服务

---

① 杨军、周瑜芳、蔡静：《MaaS 发展展望与思考》，北京交通发展研究院网，2020 年 7 月 31 日。

区，使公交系统的可达性更强、使用便捷性更高、出行方式选择性更广。其中，共享出行服务区能够提供多种方式的出行服务，具有交通工具的存取功能，提供无障碍设施和引导系统，为共享电动汽车和电踏车提供充电设施等。

在基于 MaaS 的公交系统中，出行平台运营商可根据用户需求灵活制定票价，在其运营范围内采用一次支付和多通路结算系统，即用户使用一张车票（或电子车票）可享受全部交通系统的服务，整个过程只需一次支付行为，而支付资金将自动分配至各交通运输服务供应商。同时，根据用户职业和家庭特征，出行平台可提供定制化的票价系统，如家庭套票、公司通勤票等，也可根据用户个人偏好提供单次出行支付、按总里程包月和按出行次数包月等服务。这种支付和结算体系，将真正实现交通系统的无缝衔接，最终使用户仅关注“点到点”的出行时间和出行费用，而无须关注出行过程的其他细节。①

三、智慧城市，智慧治理

《交通强国建设纲要》指出，要大力发展智慧交通。推动大数据、互联网、人工智能、区块链、超级计算等新技术与交通行业深度融合。推进数据资源赋能交通发展，加速交通基础设施网、运输服务网、能源网与信息网络融合发展，构建先进的交通信息基础设施。构建综合交通大数据中心体系，深化交通公共服务和电子政务发展。推进北斗卫星导航系统应用。

---

① 胡峰、黄伟：《基于“出行即服务”理念的城市公共交通系统变革》，载《规划师》2018 年第 11 期。

城市智能交通管理系统在信息通信技术发展的大背景下，通过一系列先进技术的应用来最大限度地利用现有的基础设施，为社会经济活动和生活质量增加价值。智慧交通管理系统的一个重要的基础支撑就是出行数据，从这个角度而言，MaaS用户如果能够与交通管理部门分享其有关出行的实时数据、位置和目的地等信息，则可以有效地支撑城市智能交通管理系统的运行。反之，如果各种城市道路交通管理措施的信息可以实时反馈给MaaS出行用户，则也可以优化MaaS出行服务。

从交通治理现状来看，交通治理体系与交通主管部门期许的治理目标之间存在“脱嵌”的状况。大数据技术应用是以智能手机、互联网、物联网等信息技术为核心逐步发展起来的，其自身属于集成技术管理范畴。随着信息技术发展速度不断提升，交通治理体系自身也存在较为明显的不符合发展状态。虽然大数据为交通主管部门的科学决策、社会监督、交通服务等方面的监管能力，同时为提高综合操作水平打下坚实基础，但大数据与交通治理体系的不适应给交通治理现代化提出了极其严峻的挑战。①

基于MaaS理念发展智慧交通，可以有效缓解交通拥堵。第一，规划和政策制定更加科学化。利用智能化大数据系统能够对各种信息进行有效汇总，相关部门能够了解到各个路段车辆运行的具体状况，能够根据具体的历史情况来制定有效的政策和方案。合理判断整个城市路段车流量的需求和状况，再采取合理的方法进行治理。对于违章较多的路段要进行惩罚，随意停放车辆要进行处理，也要适当修建停车场，保证有充足的停车位置。利用信息技术手段辅助政策的发展，能够更好地实现城市的繁荣。

第二，有效改善公共交通服务。智慧交通也为人们出行制定了有效的

① 赵光辉：《基于交通强国的大数据交通治理：挑战、机遇与对策》，载《当代经济管理》2018年第12期。

路线，人们可以利用手机等服务终端输入目的地，智能系统就会为人们提供便捷的出行方式和路线，这很大程度上方便了人们出行，也提升了我国公共交通服务效率和质量。减少了人们出行过程中等待的时间，也让人们的出行更加舒适和简便。由于公共交通的完善，许多私家车也自主的减少，人们主动乘坐公交车等公共交通工具出行，这也很好地优化了我国城市整体的交通结构。提高了城市人民的交通意识，保证了车流量的畅通。相关部门要正确认知智慧交通，采用有效方法和手段不断地提升智慧交通发展的空间。

第三，能够提升交通管理水平。通过这种交通的建设能够有效地保证应急，一旦发生突发事件和事故，能够根据智慧交通的引导进行化解。这在一定程度上缩短了突发事件处理的时间，也降低了事件的严重性。应急救援能够发出有效的信号，对许多车辆进行引导，保证能够留出足够的通道进行救援。这都表现着我国交通管理水平提高，这也为城市交通施工等提供了一定的帮助。

第四，有效利用智能信息手段。智慧交通的发展能够实现精准定位和控制，智慧交通运用了现在许多新型的科技方法，包括许多信息监测手段和 GPS 技术，能够对道路上的人流信息、车流信息进行有效了解，对车辆运行信息实现有效地追踪。通过这些科技手段能够有效地控制城市交通运行，如果发生了意外交通事故也能够及时进行处理。我国大数据快速发展，交通部门对各种交通车辆的信息进行了录入，在大数据网库中能够随时进行查找。大数据的利用实现了资源的合理配置，能够实现各个地区交通信息共享。这也为城市建设和规划提供了一定的依据，能够根据具体的交通状况和人们的出行条件，实现对城市各个区域的有效建设。①

① 杨旭东：《智能交通：城市拥堵治理的新路径》，载《智慧中国》2020 年第 5 期。

MaaS与基础设施是互动的过程，MaaS基于大数据，可以辨析很多的需求和分布特征，这样交通基础设施可以相应地做调整。传统的交通服务是以基础设施（道路、场站等）、人力（司乘人员等）、资本（车辆等）以及管理（运行调度模式等）作为生产要素，而MaaS可建立物理世界与数字世界之间的映射，通过整合基础设施、路网运行、道路流量、行业运营、车辆点位、车型结构、出行需求等七大类数字信息，将其作为核心生产要素贯穿出行服务的全链条，通过大数据、云计算、人工智能等技术形成相应的算力及算法，提供更优的出行方案与供给调度策略，并同时反馈给供需双方。

目前，信息服务供应商与道路交通管理部门仍然存在信息屏障，如交通管制信息、大型活动交通组织信息、交通事故信息等往往由管理部门掌握，而信息服务商只有在问题发生时才能获取少数相关信息。例如，地图导航厂商（百度、高德等）通过发展“众包数据”或“智慧锥桶”等获取各类相关信息（如事故数据、施工数据等），以解决导航服务中的不足。

近年来，随着技术的发展，出行服务供应商与交通管理者之间互动交流加深，前述的信息壁垒也在逐步通过各种方式打通。目前阶段的协作主要集中在小汽车出行的路线引导等方面，未来需要扩展到多模式的出行服务上。实际上，对于所有的出行方式，信息服务和路径优化都是需要的。因此，目前应当将信息服务和路径优化从小汽车扩展到多种出行方式。

对交通管理者而言，将在以下方面有所改善：（1）避免/减少交通拥堵和交通事故；（2）避免/减少不必要的尾气排放；（3）更好地实施各类交通管理措施；（4）获得更为良好的检测信息以改善交通管理；（5）与交通管理措施相关的信息可以直接发送给驾驶人等出行者。

对交通信息服务供应商而言，将在以下方面有所改善：（1）为出行者提供更好的路径选择（融合了实时的交通管制措施等）；（2）提供更为丰富的信息（不仅限于道路是否拥堵等）；（3）提前为出行者提供解决方案（最优路径）而不是只告知其将面临的问题（拥堵信息）；（4）区域内的交通管制信息成为综合信息服务的一种。[①]

城市交通治理模式的创新是城市交通发展的必然趋势，是城市交通深化改革的重点，也是支撑交通强国建设的重要内容。推进城市交通的智慧治理是根据城市交通治理现代化的实践作出的一种路径预判，是对当前中国国家治理现代化理论发展的要求。基于“出行即服务”的治理理念，有助于进一步理解支撑城市交通治理现代化合作发展的关键内容，但也存在一定的局限性。随着城市交通的进一步发展，新技术下的交通服务业态还会推陈出新，治理交通的实践将更加精细化，城市群、都市圈的交通合作实践将广泛开展，城市交通合作治理的研究将伴随实践进一步丰富和完善。

① 李瑞敏：《出行即服务（MaaS）概论》，人民交通出版社股份有限公司2020年版。

第五章

推动城市交通高质量发展——面向2035年和21世纪中叶

第一节　交通强国路：让出行更美好

随着我国经济结构不断优化和人民生活水平快速提高，人们多样化、个性化的出行需求对城市交通行业提出了新要求和新期待，行业已经进入由追求速度规模向更加注重质量效益转变，由交通方式相对独立发展向一体化融合发展转变，由传统要素驱动向创新驱动转变的改革发展新时代。

2019 年 9 月，中共中央、国务院印发的《交通强国建设纲要》指出，到 2035 年，基本建成交通强国，基本实现交通治理体系和治理能力现代化，基本形成“全国 123 出行交通圈”（都市区 1 小时通勤、城市群 2 小时通达、全国主要城市 3 小时覆盖），城市交通拥堵基本缓解；到 21 世纪中叶，全面建成人民满意、保障有力、世界前列的交通强国，治理能力达到国际先进水平。

构建现代化的交通治理体系，既体现的是交通强国的“软实力”，更是建设交通强国的“硬要求”。新时代城市交通行业将始终坚持“创新、协调、绿色、开放、共享”五大发展理念，坚持以供给侧结构性改革为主线，持续推动城市公共交通优先发展，深入推进城市绿色出行，深化出租汽车行业改革，鼓励和规范新业态发展，提供人民群众期盼的更高质量出行服务，为建成“人民满意、保障有力、世界前列”的交通强国，为决胜全面建成小康社会提供坚实保障。

总的来说，在交通强国背景下，未来城市交通领域将重点推进以下工作，让出行变得更加美好。

一是深入实施公交优先发展战略，全面推进公交都市建设，加强城市轨道交通运营安全管理，推进城市绿色出行体系建设，加强城市交通拥堵综合治理。

二是推进干线铁路、城际铁路、市域（郊）铁路、城市轨道交通融合发展，推进城市公共交通设施建设，强化城市轨道交通与其他交通方式衔接，全面加强城市轨道交通与其他交通方式的融合发展。

三是加速新业态新模式发展，促进运输服务与互联网融合发展，规范发展网约车、互联网租赁自行车、小微型客车分时租赁等城市交通新业态。

四是推进装备技术升级，加快新能源车辆在城市公交、出租汽车等领域的推广应用。

五是完善交通安全生产体系，提升本质安全水平，落实城市交通企业安全生产主体责任，积极推进安全生产标准化建设，提升行业企业关键从业人员安全素质，进一步夯实行业安全生产基础，加大科技兴安力度，积极推广应用智能视频监控装置，加强重点营运车辆运行动态监控，及时防范安全风险。

六是强化节能减排和污染防治，开展绿色出行创建行动，进一步提高城市绿色出行水平。

七是加强科技创新，大力发展智慧交通，推动大数据、人工智能、区块链等新技术与运输服务深度融合，注重运用新技术赋能改造提升传统城市交通行业。稳妥推进车联网、自动驾驶等新技术在城市交通行业应用，提高运行效率和安全水平。

第二节　综合多层次：完善城市交通基础设施

按照中共中央、国务院印发《国家综合立体交通网规划纲要》的要求，结合未来交通运输发展和空间分布特点，按照交通运输需求量级划分为3类。京津冀、长三角、粤港澳大湾区和成渝地区双城经济圈4个地区作为极；长江中游、山东半岛、海峡西岸、中原地区、哈长、辽中南、北部湾和关中平原8个地区作为组群；呼包鄂榆、黔中、滇中、山西中部、天山北坡、兰西、宁夏沿黄、拉萨和喀什9个地区作为组团。

按照极、组群、组团之间交通联系强度，将打造由主轴、走廊、通道组成的国家综合立体交通网主骨架。到21世纪中叶，将重点建设现代化高质量，拥有世界一流的交通基础设施体系，实现交通运输供需有效平衡、服务优质均等、安全有力保障。

在城市交通基础设施方面，将重点发展以下四个方面。

一、推动城市内外交通设施有效衔接

推动干线铁路、城际铁路、市域（郊）铁路与城市轨道交通衔接协调，构建运营管理和服务“一张网”，实现设施互联、票制互通、安检互认、信息共享、支付兼容。支持铁路运输企业与城市轨道交通运营企业探索轨道交通融合发展，在城市群内建设网络层次清晰、功能定位合理、衔接一体高效的轨道交通网络，实现轨道交通内部互联互通，达到车辆、线路资源的共享和灵活调配。

加强城市周边区域公路与城市道路高效对接，系统优化进出城道路网络，推动规划建设统筹和管理协同，减少对城市的分割和干扰。完善城市物流配送系统，加强城际干线运输与城市末端配送有机衔接。加强铁路、公路客运枢纽及机场与城市公交网络系统有机整合，引导城市沿大容量公共交通廊道合理、有序发展。

加强“轨道＋公交＋慢行”三网融合建设，以城市交通“一张网”的理念，重点围绕无缝衔接、便捷换乘、一票到底、路权保障等方向，对轨道交通、常规公交、慢行系统进行统一规划、统筹建设和运营管理，确保相互衔接、协同服务。

二、持续加强公共交通基础设施建设

提升公共交通基础设施水平，提高公共交通的便利性和舒适性。科学有序发展城市轨道交通，积极发展大容量地面公共交通，加快调度中心、停车场、保养场、首末站以及停靠站的建设，提高公共汽（电）车的进场率；推进换乘枢纽及步行道、自行车道、公共停车场等配套服务设施建设，将其纳入城市旧城改造和新城建设规划同步实施。

保障公共交通路权优先。建设城市客运走廊，在条件成熟的道路上均应设置公交专用道，扩大信号优先范围，逐步形成公共交通优先通行网络。加强公交优先设施使用监管，充分利用科技手段，所有行驶在专用道公交车辆配备违章抓拍系统，加大对交通违法行为的执法力度。优化公共交通线路和站点设置，逐步提高覆盖率、准点率和运行速度，改善公共交通通达性和便捷性。加强公共交通优先车道的监控和管理，在拥堵区域和路段取消占道停车。

三、强化步行与自行车路权保障

结合城市道路建设，完善步行道和自行车道。城市道路建设要优先保证步行和自行车出行。依据专项规划，新建及改扩建城市主干道、次干道，要设置步行道和自行车道，城市支路和居住区道路，要设置步行道。

加强占道管理保障步行道和自行车道有效宽度。严禁通过挤占步行道、自行车道方式拓宽机动车道，已挤占的，要尽快恢复。步行道、自行车道上必要的设施设置要符合国家有关标准规范，禁止以任何形式非法占用步行道和自行车道。合理布设公交站点，设置公交港湾，减少公共汽（电）车进出站对自行车的影响。

结合城市建设和改造，建设立体步行系统和步行街。在人流密集的大型商业中心、办公区、公共交通枢纽等地区，结合地下空间利用、周边建筑、公交车站、轨道交通车站出入口，建设连续、贯通的步行连廊等立体步行系统。结合商业、旅游网点开发，建设与土地利用、城市风貌相协调的步行街。

四、推进交通基础设施网与信息网融合发展

加强城市交通基础设施与信息基础设施统筹布局、协同建设，推动车联网部署和应用，强化与新型基础设施建设统筹，加强载运工具、通信、智能交通、交通管理相关标准跨行业协同。

第三节　智慧新业态：出行即服务

近年来，随着移动通信和互联网、大数据等技术快速普及和发展，传统交通运输与互联网实现深度融合，先后出现了网络预约出租汽车、汽车分时租赁和互联网租赁自行车等交通运输新业态，为社会公众提供了多层次、多样化的出行服务，改善了乘客出行体验，对满足人民群众美好出行的需求和促进新旧动能转换发挥了积极作用。

一、城市交通数字化发展将持续推进

为贯彻落实党中央、国务院关于推进数字经济发展的决策部署，促进先进信息技术与交通运输深度融合，支撑交通强国建设，2019 年 7 月，《交通运输部关于印发〈数字交通发展规划纲要〉的通知》发布，提出了七个方面的发展任务，为未来一段时间交通运输行业数字化发展提供了指导和方向。

根据文件要求，城市交通领域将在三个方面推动数字化建设。

一是构建数字化的采集体系。推动交通基础设施全要素、全周期数字化，推动交通感知网络与交通基础设施同步规划建设。鼓励具备多维感知、高精度定位、智能网联功能的终端设备应用，推动自动驾驶与车路协同技术研发。

二是构建网络化的传输体系。推动交通运输基础设施与信息基础设施一体化建设，形成多网融合的交通信息通信网络。

三是构建智能化的应用体系。促进交通、旅游等各类信息充分开放共享，融合发展。鼓励平台型企业深化多源数据融合，整合线上和线下资源，为旅客提供“门到门”的全程出行定制服务。倡导“出行即服务（MaaS）”理念，推动“互联网+”便捷交通发展，鼓励和规范发展城市出行服务新业态。

二、交通运输新业态发展逐步规范

为促进交通运输新业态健康发展，交通运输部会同相关部门先后印发了《网络预约出租汽车经营服务管理暂行办法》《关于鼓励和规范互联网租赁自行车发展的指导意见》（以下简称《指导意见》）、《关于促进小微型客车租赁健康发展的指导意见》等文件。为防范用户资金风险，《指导意见》等文件提出鼓励运营企业采用免押金或加快实现“即租即押、即还即退”等方式提供服务。对采用押金方式提供服务的，提出了“专用账户存管、专款专用”等要求。出台了《交通运输新业态用户资金管理办法（试行）》，主要目的是通过提出用户资金具体管理措施和明确各方权利义务，有效落实相关文件要求，进一步强化用户资金管理，从源头上防范用户资金风险，切实保护用户合法权益，促进交通运输新业态健康发展。

此外，新旧业态也将进一步融合发展。主要网约车平台、驾驶员和车辆全部合规化，新老业态进一步融合发展，形成发展有序、公平竞争的良好市场环境。引导各地规范化管理分时租赁市场。鼓励各地通过信息化技术和信用手段对租赁运营企业管理，统筹规划汽车分时租赁充电停车场站，形成促进行业可持续发展的公平竞争的市场环境。

三、出行即服务模式初见端倪

《交通强国建设纲要》提出要加速新业态新模式发展，打造基于移动智能终端技术的服务系统，实现出行即服务（MaaS）。

出行即服务（mobility as a service/transport as a service）的概念于2014年在芬兰赫尔辛基召开的欧盟ITS（Intelligent Transport Systems）大会上被提出，并在2015年世界ITS（法国波尔多）大会上开始逐渐成为全球智能交通领域的热门议题。

一站式出行服务旨在深刻理解公众的出行需求，通过将各种交通模式全部整合在统一的服务体系与平台中，从而充分利用大数据决策，调配最优资源，满足出行需求的大交通生态，并以统一的平台来对外提供服务。

一站式出行服务的出现得益于多项先进技术和模式在交通领域的推广和应用，例如，相关信息化技术、小汽车合乘、出租汽车电招、共享单车以及需求响应型公交等交通服务模式和技术的出现。另外，反对私家车过度使用的环保理念和私人小汽车拥有者对于养车和需求响应型出行服务的经济成本对比将进一步催生一站式出行服务的市场。虽然一站式出行服务的概念是在欧盟提出的，但目前在我国一站式出行服务大有生根发芽、茁壮成长之势，正在受到各大网络运营平台的重视，未来发展前景巨大。

目前一站式出行服务呈现五大特征：

第一是共享化。一站式出行服务的共享化概念就是体现在注重交通服务的提供而不是车辆的拥有；另外作为乘客，不只是交通服务的享受者，同时也是交通数据的提供者与分享者，然后通过数据来改变和优化整个出行服务。

第二是一体化。所谓一体化，就是把各种交通出行模式进行高度的整合，使得不同交通方式间实现无缝衔接，然后同时实现了支付体系的一体化，将出行链中各种交通方式的支出通过一次性支付来完成。

第三是人本化。即以人为本，一站式出行服务的本质是为了更好地提供出行服务，其中包括无缝衔接、安全便捷、多样化的出行选择和舒适的出行。

第四是低碳化。即节能减排，因为一站式出行服务为集约式的出行方式，同时可推广绿色交通工具，减少了私人机动化的出行，因此一站式出行服务带来出行效率提升的同时也会带来低碳的出行效果。

第五是智能化。就是一站式出行服务完全基于信息化、智能化平台，往往采用 GPS，大数据等手段实现各种交通方式间的衔接。

第四节　绿色可持续：优化城市交通结构

党的十九大报告提出，“倡导简约适度、绿色低碳的生活方式，反对奢侈浪费和不合理消费，开展创建节约型机关、绿色家庭、绿色学校、绿色社区和绿色出行等行动”。绿色可持续发展成为未来城市交通发展的重要方向。

一、绿色出行成为未来城市交通发展的主题

根据党的十九大关于开展绿色出行行动的决策部署，按照绿色生活创建的有关分工安排，2019 年 5 月，交通运输部、中央宣传部、国家发展改革委、工业和信息化部、公安部、财政部、生态环境部、住房城乡建设

部、国家市场监督管理总局、国家机关事务管理局、中华全国总工会、中国铁路总公司等十二部门和单位联合印发了《绿色出行行动计划（2019—2022年)》。2019年10月，中央全面深化改革委员会第十次会议审议通过了《绿色生活创建总体方案》，要求倡导简约适度、绿色低碳的生活方式，开展节约型机关、绿色出行等创建行动，建立完善绿色生活的相关政策和管理制度，推动绿色消费，促进绿色发展。2020年7月，交通运输部和国家发改委发布了《绿色出行创建行动方案》，要求各地按照系统推进、广泛参与、突出重点、分类施策的原则，加强协作，结合实际，因地制宜制定创建目标、细化创建任务、完善支持政策，不断提高绿色出行服务水平。

《绿色出行行动计划（2019—2022年)》从总体要求、构建完善综合运输服务网络、大力提升公共交通服务品质、优化慢行交通系统服务、推进实施差别化交通需求管理、提升绿色出行装备水平、大力培育绿色出行文化、加强绿色出行保障等八个方面，提出了21条具体行动措施。

《绿色出行行动计划（2019—2022年)》强调，要以习近平新时代中国特色社会主义思想为指导，贯彻落实党中央、国务院决策部署，切实推进绿色出行发展，坚持公共交通优先发展，努力建设绿色出行友好环境、增加绿色出行方式吸引力、增强公众绿色出行意识，进一步提高城市绿色出行水平。

《绿色出行行动计划（2019—2022年)》提出，到2022年，初步建成布局合理、生态友好、清洁低碳、集约高效的绿色出行服务体系，绿色出行环境明显改善，公共交通服务品质显著提高、在公众出行中的主体地位基本确立，绿色出行装备水平明显提升，人民群众对选择绿色出行的认同感、获得感和幸福感持续加强。要求要构建完善综合运输服务网络，加快城际交通一体化建设，提升现代化客运服务水平，推进实施旅客联程联运，优化城市道路网络配置；大力提升公共交通服务品质，提高公交供给能力，提高公交运营速度，改善公众出行体验；优化慢行交通系统服务，完善慢行交通系统建设，加强慢行系统环境治理；推进实施差别化交通需求管理，降低小汽车使用强度，加强停车治理，实施精细化交通管理，促进新业态融合发展；提升绿色出行装备水平，推进绿色车辆规模化应用，加快充电基础设施建设；大力培育绿色出行文化，开展绿色出行宣传，完善公众参与机制。

二、新能源汽车推广应用将长期实施

2019 年 5 月，财政部、工业和信息化部、交通运输部、发展改革委四部委联合印发《关于支持新能源公交车推广应用的通知》，文件明确要完善财税政策，促进产品消费，加大支持力度，优化使用环境。中央财政已经安排的 2019 年及以前年度燃油补贴结余资金，地方将收回统筹用于新能源公交车运营；各地将在取消地方购置补贴的情况下，继续对购置新能源公交车给予补贴支持；各地应加快新能源公交车充电基础设施建设，满足车辆使用需求；国家层面有关部门将研究完善新能源公交车运营补贴政策，从 2020 年开始，采取“以奖代补”方式重点支持新能源公交车运营。

三、城市交通综合治理推动高质量发展

城市交通是现代化综合交通体系的重要组成部分，是决定城市活力和竞争力的关键因素。随着新型城镇化快速推进，我国城市交通长期保持高负荷运行，交通拥堵不断加剧，明显降低了城市运行效率和人民群众的幸福感。未来一段时期，各地、各部门将深入贯彻落实习近平总书记关于城

市交通工作的重要指示批示精神，坚持以人民为中心的发展思想，把解决交通拥堵问题放在城市发展的重要位置，因城施策、标本兼治、综合治理，努力构建综合、绿色、安全、智能的立体化现代化城市交通系统，不断提升城市交通治理能力，进一步优化城市交通出行结构，使公共交通成为居民机动化出行的首选，绿色出行成为居民出行的首选，加快推动城市交通高质量发展。

四、营造社会协同共治的绿色出行环境

城市交通治理是一项系统工程，牵一发动全身，涉及广大群众切身利益，与社会各界密切相关。未来将聚焦城市交通治理和群众反映强烈的突出问题，通过坚持走群众路线，鼓励广大交通参与者积极参与，集思广益、群策群力，共同推动提升城市交通服务质量和水平。持续加强绿色出行和城市交通综合治理等舆论宣传，合理引导公众预期。通过开展群众喜闻乐见、富有参与互动性的活动，吸引全社会力量参与到绿色出行行动中，营造协同共治、合作共赢的社会治理新格局。

参考文献

[1] 张樑任:《民国丛书(第二编)·中国邮政(中卷)》,上海书店1990年版。

[2] 汪玚:《穿山越壑筑坦途“路”见70载沧桑巨变起》,载《交通建设与管理》2019年第4期,第22~25页。

[3] 张仲礼:《东南沿海城市与中国近代化》,上海人民出版社1996年版,第11页。

[4] 王清彬:《第一次中国劳动年鉴》,北平社会调查部1928年版。

[5] 黄培霖:《旧中国最大的自行车商店——上海得利车行》,载《上海文史资料存稿汇编》第7卷,上海古籍出版社2001年版,第7、107页。

[6] 施中华:《自行车行业:困境中求发展》,载《中国自行车》1998年第9期,第1~7页。

[7] 史明正:《走向近代化的北京城——城市建设与社会变革》,北京大学出版社1995年版,第269页。

[8] 张慕聃:《我国立待解决之汽车问题》,载《机械工程》1936年第4期,第28页。

[9] 贾迪:《民国时期北京汽车化研究》,载《史学月刊》2019年第10期,第109~126页。

[10] 陈晋文:《民国时期的汽车与近代城市社会生活方式的变迁(1927—1936)》,载《贵州社会科学》2018年第3期,第154~161页。

[11] 杨石师:《中国急宜多设汽车之制造厂》,载《申报汽车增刊——“专论”》第2版。

[12] 杨实：《抗战时期的西南交通》，云南人民出版社 1992 年版，第 229 页。

[13] 张伟：《近代重庆公共汽车事业研究（1933 ~ 1946）》，载《宜宾学院学报》2014 年第 1 期，第 56 ~ 60 页。

[14] 李玉梅：《民国时期北京电车公司研究》，河北大学学位论文，2012 年。

[15] 李志红：《民国时期北京城市公共汽车事业研究（1935—1948）》，首都师范大学学位论文，2008 年。

[16] 程春水：《北京公共汽车史略》，载《城市公共交通》2005 年第 8 期，第 40 页。

[17] 薛暮桥：《解放战争时期（1947—1949 年）财政经济工作的回忆》，引自薛暮桥，杨波：《总结财经工作迎接全国胜利》，中国财政经济出版社 1996 年版。

[18] 毛泽东：《毛泽东选集》第 3 卷，人民出版社 1991 年版。

[19] 薄一波：《若干重大决策与事件的回顾》（上），中共党史出版社 2008 年版。

[20]《当代中国》编辑部：《当代中国的铁道事业》（上），当代中国出版社 1990 年版。

[21] 郑艳：《新中国初期城市居民的物质生活变迁（1949 ~ 1957）》，四川大学学报，2005 年。

[22] 李玉梅：《北洋政府时期的北京电车公司》，河北大学学位论文，2009 年。

[23] 颜吾佴：《北京交通史》，清华大学出版社、北京交通大学出版社 2008 年版，第 120 页。

[24] 彤新春：《新中国成立初期交通发展战略的演进与绩效》，载

《安徽师范大学学报（人文社会科学版）》2018 年第 4 期，第 90 ~ 96 页。

[25] 苏星：《新中国经济史》，中共中央党校出版社 1999 年版，第 98 ~ 99 页。

[26] 马林：《新中国城市交通规划的探索与发展》，载《国际城市规划》2019 年第 4 期，第 49 ~ 53，71 页。

[27] 朱俭松：《我国城市交通及其规划的回顾》，引自《五十年回眸——新中国的城市规划》，商务印书馆 1999 年版，第 131 ~ 135 页。

[28] 张金凤：《建国前后中国共产党解决城市民生问题论析》，吉林大学学位论文，2009 年。

[29] 柯林：《新中国成立后颁布的交通管理法规》，载《汽车与安全》2003 年第 4 期，第 65 页。

[30] 邱国盛：《人力车与近代城市公共交通的演变》，载《中国社会经济史研究》2004 年第 4 期，第 4 ~ 21 页。

[31] 戴均良：《中国城市发展史》，黑龙江出版社 1992 年版，第 411 页。

[32] 王阳：《我国城市公共交通发展的路径研究》，南京师范大学学位论文，2014 年。

[33] 南京市地方志编纂委员会：《南京公用事业志》，海天出版社 1994 年版，第 22 页。

[34] 邱珂：《民国中期公共交通工具及设施设计研究》，南京艺术学院学位论文，2017 年。

[35] 虞同文：《上海近代公共交通的由来》，载《交通与运输》2012 年第 4 期，第 76 ~ 77 页。

[36] 万婷：《新中国汽车工业诞生的见证》，载《档案春秋》2019 年第 12 期，第 13 ~ 14 页。

［37］彤新春：《中国交通业发展研究》，华中科技大学出版社 2020 年版，第 42，99～101，107，133，155 页。

［38］李江、夏建国：《交通中国》，上海教育出版社 2019 年版，第 5 页。

［39］沈志云，邓学钧：《交通运输工程学》，人民交通出版社 2008 年版，第 208～209 页。

［40］李沛霖：《中国近代城市公共交通研究的回顾与展望》，载《武汉大学学报（人文科学版）》2017 年第 1 期，第 36～44 页。

［41］交通运输部道路运输司：《城市公共交通管理概论》，人民交通出版社 2011 年版，第 4～13，14～16，21～22 页。

［42］曾菁：《城市道路设计与施工技术》，天津科学技术出版社 2019 年版，第 1～2 页。

［43］徐亮：《城市道路工程》，人民交通出版社 2012 年版，第 1～3 页。

［44］蓝素雯：《广州市城市改造的历史研究（1918—2015 年）》，华南理工大学学位论文，2018 年。

［45］全永燊、潘昭宇：《建国 60 周年城市交通规划发展回顾与展望》，载《城市交通》2009 年第 5 期，第 1～7 页。

［46］卢柏民：《“永久”在我国自行车工业发展中的地位和作用》，载《上海轻工业》2002 年第 2 期，第 45～46 页。

［47］俞坤一、赵福生：《我国自行车工业的发展和布局概况》，载《经济与管理研究》1982 年第 4 期，第 42～43 页。

［48］邵春福、宋瑞：《城市公共交通》，北京交通大学出版社 2014 年版，第 1～3 页。

［49］邱国盛：《从人力车看近代上海城市公共交通的演变》，载《华东师范大学学报（哲学社会科学版）》2004 年第 2 期。

[50] 刘建国：《城市轨道交通概论》，中国铁道出版社 2010 年版，第 13~14，18 页。

[51] 陈坚：《城市轨道交通概论》，中山大学出版社 2014 年版，第 12~13 页。

[52] 韩印、马万达、袁鹏程：《上海市无轨电车发展规划研究》，载《上海城市规划》2007 年第 4 期，第 49~53 页。

[53] 袁成：《无轨电车发展简史、现状和未来展望》，载《城市公用事业》2006 年第 3 期，第 40~43 页。

[54] 艾文卫、宋顺锋、王家庭：《我国治理城市交通拥堵的引导性思维与差别化对策》，载《上海城市管理》2015 年第 5 期。

[55] 陈靖：《浅析轨道交通业"以人为本"的旅客服务体系》，载《现代城市轨道交通》2009 年第 5 期。

[56] 陈群、成虎：《城市轨道交通建设对城市环境的影响分析》，载《福建工程学院学报》2009 年第 3 期。

[57] 陈祖涛、欧阳敏：《我的汽车生涯》，人民出版社 2005 年版。

[58] 邓述平：《城市交通——现状与展望》，载《同济大学学报》1979 年第 4 期。

[59] 樊晓珂：《论交通拥堵及其对人们造成的心理危害》，载《前沿》2009 年第 12 期。

[60] 广州市地下铁道设计研究院、广州市地下铁道总公司、三星数据（北京）公司、新加坡科技电子公司：《城市轨道交通自动售检票（AFC）系统》，载《都市快轨交通》2008 年第 4 期。

[61] 郭继孚、刘莹、余柳：《对中国大城市交通拥堵问题的认识》，载《城市交通》2011 年第 2 期。

[62] 郭克莎：《加入 WTO 之后中国汽车工业面临的影响及应对思

路》，载《中国工业经济》2001 年第 10 期。

［63］杭文：《城市交通拥堵缓解之路》，东南大学出版社 2019 年版。

［64］何宗华：《论我国城市轨道交通技术的发展》，载《城市轨道交通研究》1998 年第 1 期。

［65］冷德熙：《为了城市轨道交通国产化之梦（上）》，载《科技日报》2013 年 7 月 2 日。

［66］冷德熙：《致敬中国城市轨道交通》，北京交通大学出版社 2017 年版。

［67］李安定：《拿掉一个“总”字的中汽公司》，载《汽车纵横》2012 年第 4 期。

［68］李春波：《新版〈汽车产业发展政策〉解读》，载《新财经》2004 年第 7 期。

［69］李函芮：《城市公交回归国有化研究——以昆明市公交为例》，云南大学学位论文，2017 年。

［70］李金良：《世界五大交通最拥堵城市：北京排第一》，载《国际在线》2010 年 8 月 25 日。

［71］李沫萱、张佳仪：《北京地铁四号线的产权关系及其经营模式分析》，载《北京交通大学学报（社会科学版）》2010 年第 2 期。

［72］陵龙：《改革开放中的汽车“强国梦”纪念中国汽车工业诞生 60 周年（三）》，载《汽车与配件》2013 年第 2 期。

［73］刘璟、李红昌、郭雪萌：《城市轨道交通发展规律与北京城市轨道交通发展动力机制分析》，载《生产力研究》2010 年第 3 期。

［74］刘娟娟、曾庆华、李赫楠、王鲲鹏：《国内外城市公交改革对长春市公交发展的启示》，城市发展与规划大会，2011 年。

［75］刘治彦、岳晓燕、赵睿：《我国城市交通拥堵成因与治理对策》，

载《城市发展研究》2011 年第 11 期。

［76］鲁志强：《建设具有中国特色的汽车工业——记中国汽车工业发展战略讨论会》，载《经济学动态》1987 年第 9 期。

［77］陆梁：《轨道交通建设必须以人为本》，载《地铁与轻轨》2001 年第 1 期。

［78］骆汉宾、聂规划：《城市轨道交通与房地产联合开发研究》，载《武汉理工大学学报（信息与管理工程版）》2006 年第 1 期。

［79］潘建国：《中国都市地铁梦》，载《特区与港澳经济》1996 年第 5 期。

［80］彭军、王江锋、王娜：《我国大城市交通拥堵成因及治理策略分析》，载《中国科技信息》2011 年第 16 期。

［81］乔晶晶、周晶：《改革之路，砥砺前行——秦皇岛公交回归国有化周年纪实》，载《人民公交》2015 年第 5 期。

［82］邵燕祥：《中国的道路呼唤着汽车》，载《人民文学》1954 年第 12 期。

［83］施仲衡、王策民：《大城市轨道交通建设的可行性研究》，载《地铁与轻轨》1998 年第 4 期。

［84］石耀东：《关于我国汽车产业政策的若干认识问题》，载《中国产业经济动态》2003 年第 36 期。

［85］石耀东：《新时期我国汽车产业政策的问题与建议》，载《经济研究参考》2002 年第 1 期。

［86］宋键、杨耀：《城市轨道交通应急体系研究》，载《城市轨道交通研究》2009 年第 9 期。

［87］唐海华：《公交改革领头羊在浦东驰骋——上海浦东公交改革评述》，载《城市公共交通》2001 年第 2 期。

[88] 王春宇：《环境保护在城市轨道交通工程前期建设中的应用》，载《科技信息》2010 年第 8 期。

[89] 王飞跃、戴汝为、汤淑明、张嗣瀛、陈国良、杨东援、杨晓光、李平：《城市综合交通、物流、生态问题的基础研究方法》，载《交通运输系统工程与信息》2004 年第 3 期。

[90] 魏杰、侯孝国：《论产权结构多元化是国有企业产权改革的方向》，载《管理世界》1998 年第 5 期。

[91] 谢地、李世朗：《论公共生产和服务领域改革的“非国有化”偏好——以城市公共交通行业改革为例》，载《经济纵横》2003 年第 11 期。

[92] 谢伟、吴贵生：《中国汽车工业的技术引进》，载《北京汽车》1997 年第 2 期。

[93] 谢伟东、何雯：《公私合作模式融资在我国城市轨道交通项目中的实践》，载《城市轨道交通研究》2006 年第 3 期。

[94] 闫云田：《对国有交通企业深化改革的探讨》，载《综合运输》2000 年第 10 期。

[95] 余婕、尹术飞：《中国汽车技术创新再造工程》，载《汽车工业研究》2002 年第 2 期。

[96] 张桂芳：《北京巴士上市募集资金 7.73 亿元》，载《光明日报》2001 年 2 月 16 日。

[97] 张国强：《中国城市公共汽车运输业改革进程和前景》，载《综合运输》2015 年第 2 期。

[98] 张智亨：《战争引发的三次石油危机》，载《国土资源导刊》2011 年第 3 期。

[99] 赵蕾：《城市交通拥堵治理：政策比较与借鉴》，载《中国行政管理》2013 年第 5 期。

［100］赵先立：《缓解大型城市交通拥堵的国际经验和我国的解决对策》，载《城市观察》2012 年第 3 期。

［101］赵英、孙令鼎：《汽车工业发展战略问题研讨会简述》，载《经济学动态》1985 年第 8 期。

［102］中国汽车工业公司：《中国汽车工业年鉴 1983》，机械工业出版社 1984 年版。

［103］中国汽车工业协会：《中国汽车工业改革开放 30 周年回顾与展望（1978－2008）》，中国物资出版社 2009 年版。

［104］周翊民：《城市轨道交通技术装备的国产与国产化》，载《城市轨道交通研究》1999 年第 1 期。

［105］包叙定：《“十三五”城轨交通发展形势及未来发展趋势分析》，载《都市快轨交通》2018 年第 1 期。

［106］曹霞：《公交先行战略下我国城市公交发展新态势》，载《现代营销（下旬刊）》2020 年第 11 期。

［107］陈斌：《城市共享单车公共治理应用技术研究》，载《交通与港航》2018 年第 3 期。

［108］陈钰：《从某网约车预约软件分析法律关系》，载《法制博览》2017 年第 14 期。

［109］崔丽媛：《共享，催生幸福》，载《交通建设与管理（上半月）》2016 年第 12 期。

［110］高振明：《实行公交路权绝对优先是解决城市交通拥堵的必由之路》，载《辽宁科技学院学报》2017 年第 6 期。

［111］耿彦斌：《我国城市轨道交通“走出去”的战略思考》，载《都市快轨交通》2016 年第 4 期。

［112］胡峰、黄伟：《基于“出行即服务”理念的城市公共交通系统

变革》，载《规划师》2018 年第 11 期。

［113］胡万欣、孔德龙：《国际化视野下对接行业需求的城市轨道交通人才培养研究》，载《内江科技》2019 年第 9 期。

［114］姜波：《“一带一路”全球化大潮下中国城市轨道交通产业发展再思考》，载《都市快轨交通》2018 年第 1 期。

［115］雷洪钧：《公交车电动化是大势所趋》，载《人民公交》2015 年第 9 期。

［116］李鲁苗、杨家骐：《新能源城市公交车支持政策现状及建议》，载《汽车纵横》2021 年第 1 期。

［117］李瑞敏：《出行即服务（MaaS）概论》，人民交通出版社股份有限公司 2020 年版。

［118］李晔、王密、舒寒玉：《出行即服务（MaaS）系统研究综述》，载《综合运输》2018 年第 9 期。

［119］刘畅：《深圳：提供城市公共服务领域机动车电动化的“中国方案”》，载《世界环境》2019 年第 4 期。

［120］孟环：《公交集团：北京已拥有 378 条多样化公交线路　日均客运量 3.7 万人》，中国日报网，2018 年 10 月 10 日。

［121］深圳市都市交通规划设计研究院：《公交电动化，我们在路上》，搜狐网，2017 年 7 月 18 日。

［122］沈昱、关函非：《响应需求公交系统分析与实施要点研究》，载《交通与运输（学术版）》2010 年第 2 期。

［123］佟亚涛：《业内热议：需求响应型公交 DRT 公交转型发展新方向》，央广网，2020 年 9 月 27 日。

［124］王风雷、秦会斌、崔佳冬：《共享单车服务器及客户端设计与实现》，载《物联网技术》2018 年第 2 期。

[125] 王一鸣：《从“云端应用”透视共享单车》，载《通信世界》2017 年第 27 期。

[126] 魏玉坤：《交通运输部等六部门集中约谈主要网约车顺风车平台公司》，新华网，2019 年 11 月 11 日。

[127] 吴杭韦、郑伟浩、朱迪：《新制度经济学视角下的共享单车探析：优势、问题与治理》，载《生产力研究》2019 年第 6 期。

[128] 许茂兴：《深圳定制公交运营模式优化研究》，哈尔滨工业大学学位论文，2017 年。

[129] 杨军、周瑜芳、蔡静：《MaaS 发展展望与思考》，北京交通发展研究院公众号，2020 年 7 月 31 日。

[130] 杨旭东：《智能交通：城市拥堵治理的新路径》，载《智慧中国》2020 年第 5 期。

[131] 杨学成、涂科：《出行共享中的用户价值共创机理——基于优步的案例研究》，载《管理世界》2017 年第 8 期。

[132] 叶建红、易法彬：《出行即服务典型案例发展水平评价》，载《交通与运输》2019 年第 5 期。

[133] 尹志芳、吴洪洋、张晚笛、郝萌：《城市共享出行理论与实践》，人民交通出版社股份有限公司 2020 年版。

[134] 余钢、王慧农、周志成：《城市公交企业实现全面电动化的规模化运营管理成果实践》，载《中国企业改革发展优秀成果 2019（第三届）下卷》。

[135] 张羽琦：《“互联网 +”背景下传统出租车改革与网约车发展》，载《当代经济管理》2018 年第 4 期。

[136] 章玉：《我国发展需求响应式公共运输服务的必要性》，载《综合运输》2013 年第 10 期。

［137］赵光辉：《基于交通强国的大数据交通治理：挑战、机遇与对策》，载《当代经济管理》2018 年第 12 期。

［138］赵丽梅：《国内首个一体化出行 MaaS 平台上线　可查地铁拥挤度》，中国青年网，2019 年 11 月 5 日。

［139］欧国立：《建立可持续交通运输体系的意义与路径》，载《可持续发展经济导刊》2020 年第 4 期。

［140］欧国立、王琦珀：《建设新时代生态综合交通强国——基于绿色发展理念的思考》，载《长安大学学报（社会科学版）》2018 年第 5 期。

［141］欧国立、王冬雪：《共享单车经济属性及其发展探析》，载《长安大学学报（社会科学版）》2017 年第 4 期。

［142］欧国立、王妍：《交通碳减排及碳达峰问题与政策研究》，载《人民交通》，2021 年第 10 期。

［143］周干峙：《发展我国大城市交通的研究》，中国建筑工业出版社 1996 年版。

［144］Vickrey, William S. Congestion Theory and Transport Investment, American Economic Review, 1969, 59 (2): 251 – 260.